Bienvenidos a las
Técnicas de relajación diaria

COLECCIÓN
EL ÁRBOL DE LA VIDA

Técnicas de relajación diaria

Matthew McKay
Patrick Fanning

ONIRO

Título original: *The Daily Relaxer*
Publicado en inglés por New Harbinger Publications, Inc.

Traducción: Silvia Komet

Diseño de cubierta: Víctor Viano

Fotografía de cubierta: Catherine Rose Crowther

Distribución exclusiva:

Ediciones Paidós Ibérica, S.A.
Mariano Cubí 92 – 08021 Barcelona – España
Editorial Paidós, S.A.I.C.F.
Defensa 599 – 1065 Buenos Aires – Argentina
Editorial Paidós Mexicana, S.A.
Rubén Darío 118, col. Moderna – 03510 México D.F. – México

© 1997 Matthew McKay, Ph.D., y Patrick Fanning

© 1998 exclusivo de todas las ediciones en lengua española:
Ediciones Oniro, S.A.
Muntaner 261, 3.º 2.ª – 08021 Barcelona – España
(e-mail:oniro@ncsa.es)

ISBN: 84-89920-23-0
Depósito legal: B-11.451-1999

Impreso en Hurope, S.L.
Lima, 3 bis – 08030 Barcelona

Impreso en España – *Printed in Spain*

Para Rich Gosse
M. M.

Para Daniel Oberti
P. F.

Índice

Éste es un libro sencillo con un solo objetivo: ayudar a relajarse. Se puede abrir por cualquier página, y allí se encontrará una técnica de relajación que puede aprenderse en pocos minutos.

Para cada técnica, primero se incluye una breve explicación seguida de instrucciones. La explicación describe el funcionamiento de la técnica, sus razones y su utilidad. Las instrucciones son claras y fáciles. Se leen y comprenden en poco rato y enseguida se pueden poner en práctica.

Los ejercicios de relajación de este libro han demostrado su utilidad para reducir la tensión física, calmar la mente, renovar el espíritu y aliviar sentimientos dolorosos como la ansiedad y la depresión. Cuando una persona puede relajarse a voluntad, se siente mejor, tiene mejor aspecto, se gusta más y se lleva mejor con quienes le rodean.

El libro es fácil de usar. No hace falta leerlo todo ni en un orden determinado. Se puede hojear hasta que se encuentre una técnica que resulte atractiva. Después de practicar el ejercicio durante una semana aproximadamente y aprenderlo, se puede pasar a otro.

Hay suficientes ejercicios para aprender durante un año, pero lo más probable es que al cabo de pocas semanas cada uno se concentre en determinadas técnicas porque se adaptan mejor a su personalidad o a sus circunstancias. Y está bien. Lo más adecuado es incorporar los ejercicios favoritos a la rutina diaria y practicarlos cuanto se quiera. Si con el tiempo uno se aburre de las mismas dos o tres técnicas, se puede volver al libro para buscar ideas nuevas.

No hay que desanimarse si uno está abrumado por el estrés y olvida hacer sus ejercicios diarios. En la actualidad todo el mundo lucha contra el estrés. Basta recordar que mañana es otro día y que habrá una nueva oportunidad para convertir estos ejercicios en parte de un estilo de vida más relajado. Millones de personas han tenido éxito con estas técnicas; tú también puedes ser una de ellas.

Primera parte

Relajar el cuerpo

El cuerpo siempre nos habla y tiene una voz fuerte. Dice cosas como: «Estoy tenso», «No puedo respirar» o «No tengo fuerzas para seguir adelante». Es imposible no oírlo o evitar sentir cómo aumenta la tensión.

En primer paso hacia una auténtica relajación debe empezar por el cuerpo. Si le damos la oportunidad de relajarse durante unos minutos cada día, es posible cambiar lo que nos dice.

Control del cuerpo

¿Cuál es nuestro grado de relajación? ¿Qué parte del cuerpo tenemos tensa? Si somos como la mayoría, seguramente conoceremos mejor el saldo bancario o qué hora es que nuestro propio cuerpo, a pesar de que vayamos a todas partes con él. Éste es precisamente el problema. Tratamos el cuerpo como un coche destartalado que nos lleva de un lado a otro, en lugar de atenderlo como un templo maravilloso que enriquece nuestra existencia.

En realidad, el cuerpo puede enseñarnos más de relajación que cualquier libro. Sabe mucho sobre estados singulares de tensión y liberación de la tensión. Lo único que debemos hacer es prestarle atención y escucharlo.

Acordémonos de darle las gracias por mantenernos vivos e informados, por servirnos a pesar de todas las veces que no hemos hecho caso de sus necesidades. Hoy podemos hacer algo especial por nuestro cuerpo: tomar un baño de burbujas, arreglarnos las uñas, ponernos crema en las manos o la ropa más cómoda que tengamos. Sigamos en contacto con él y nos dirá verdades que necesitamos saber, secretos que ninguna otra fuente nos revelará.

Hoy, de vez en cuando, detente en algún lugar tranquilo y cierra los ojos. Deja que tu respiración se haga más lenta y profunda. Pregúntale a tu cuerpo:

«¿Dónde sientes tensión?». Explóralo en busca de músculos tensos en el cuello o la espalda, articulaciones doloridas, pequeñas molestias en brazos o piernas, ligeros temblores alrededor de los ojos, partes que estén encorvadas para proteger puntos sensibles.

Si encuentras tics, contracciones o torsiones, agradece a tu cuerpo habértelas enseñado. Recuerda que todas las tensiones son musculares, y que, aunque no seamos conscientes de ello, somos nosotros mismos los que provocamos todas las contracciones. Concéntrate un momento en cada zona, explora la tensión y el dolor, incluso exagerándolo un poco si puedes. Exhala despacio para que los músculos tensos de la espalda se relajen, los párpados dejen de temblar y las rodillas de doler. Dile a tu cuerpo: «Está bien. Ya no necesitamos esta tensión o este dolor. Podemos dejar que se vaya».

Prestar atención

A veces basta con prestar atención a un problema para resolverlo. Si a nuestro hijo lo suspenden en matemáticas y empezamos a prestar más atención a sus deberes, quizá mejoren sus notas. Si nuestra pareja siente que la descuidamos, podemos hacer que se sienta más feliz si le prestamos más atención. Apuntar todo lo que se gasta puede poner freno al derroche.

Del mismo modo, la tensión en el cuerpo es un problema que se puede empezar a resolver con sólo prestarle más atención. Cuando uno se siente tenso o nervioso, es muy útil fijarse en las sensaciones físicas y hacer una lista de ellas. Por ejemplo:

Tengo un ligero dolor de cabeza.
Me duele la cintura.
Tengo los músculos del cuello tensos.
Respiro agitada y poco profundamente.
Tengo calor.

Por supuesto que no es fácil recordar que hay que fijarse en las sensaciones físicas y hacer una lista de ellas en medio de una hora punta o un examen. En esos momentos, uno suele pasar por alto el estado físico.

Pero hay más probabilidades de acordarte de prestar atención al cuerpo y de mejorar la capacidad de hacerlo bien si practicamos estos sencillos ejercicios a solas, cuando no estamos en una situación de estrés.

Siéntate en una posición cómoda y cierra los ojos. Respira hondo varias veces. Extiende el brazo derecho y dóblalo, de manera que la mano quede a la altura de la cabeza. En otras palabras, levanta la mano como si fueras a hacer una pregunta y manténla un rato en esa posición.

A medida que se te empiece a cansar el brazo, concéntrate en la sensación de cansancio. ¿Qué músculos son los que mantienen el brazo levantado? ¿Puedes relajarlos de alguna forma sin bajar el brazo? Examina tu cuerpo y averigua si hay otros músculos tensos. ¿Pones rígidas las piernas porque te duele el brazo? Si es así, ¿puedes relajarlas? Concéntrate en el corazón, el estómago y los pulmones. ¿Empiezas a sentir un poco de ansiedad? Si es así, ¿sabes cómo calmarte? Respira hondo varias veces mientras te dices con suavidad: «Calma, tranquilo».

Al cabo de tres o cuatro minutos, baja el brazo despacio y apóyalo sobre el regazo. Mientras lo bajas, concéntrate en las sensaciones. ¿Qué músculos están agarrotados y cuales no? ¿Puedes identificar el momento en que los músculos que han sostenido el brazo se relajan? ¿Cómo va desapareciendo la incomodidad? ¿En cuanto mueves el brazo o poco a poco? ¿Sientes alguna incomodidad mientras tienes la mano apoyada en el regazo? ¿Sigues sintiendo los músculos que tenías tan presentes con el brazo en alto?

Respirar hondo

La respiración abdominal profunda es una de la técnicas más poderosas que existen para reducir el estrés. Si se usa adecuadamente, es tan eficaz como un tranquilizante pero mucho más rápida. Sólo hay que respirar hondo cinco o seis veces para empezar a invertir la espiral de tensión. Esto se debe a que al respirar profundamente se expande y se relaja el diafragma, el músculo que más se ve afectado por el estrés. Cuando el diafragma se relaja, envía al cerebro el mensaje de que «todo va bien», y se convierte en una señal para que todo el cuerpo afloje la tensión.

A medida que aumenta el estrés y la tensión abdominal, la respiración se vuelve poco profunda y agitada. Se respira sobre todo con la parte alta del pecho, lo que provoca en alguna gente una hiperventilación y la sensación de que no tiene suficiente aire. La respiración poco profunda también modifica los gases del torrente sanguíneo, de modo que se desequilibra la proporción de oxígeno y dióxido de carbono. En el mejor de los casos, produce cansancio y, en el peor, pánico. Todo esto se corrige con una respiración abdominal lenta, ya que inspirar más aire ayuda a calmar la ansiedad.

Para aprender a efectuar la respiración abdominal profunda es conveniente hacer el ejercicio tumbado. Luego se puede practicar en cualquier postura y casi siempre que uno necesite relajarse.

Empieza por apoyar una mano sobre el pecho y la otra sobre el abdomen (justo encima del ombligo). Inhala lenta y profundamente por la nariz. Trata de dirigir la respiración directamente al estómago, de modo que se levante la mano que tienes sobre el abdomen. La que tienes sobre el pecho casi no debe moverse. Exhala por la boca con una especie de silbido silencioso.

Si tienes dificultades para respirar con el abdomen y la mano no se levanta, prueba lo siguiente: aprieta la mano sobre el abdomen mientras exhalas y después inhala para que vuelva a levantarse. O bien, ponte una guía de teléfono sobre el ombligo y respira de modo que ésta suba y baje. Otra posibilidad es acostarse boca abajo y respirar de manera que la cintura suba y baje.

Si la mano del pecho se levanta junto con la del estómago, trata de apretar con aquélla. Dirige el aire hacia abajo, lejos de la presión que ejerces sobre el pecho.

Cuando domines la respiración abdominal profunda, empléala cada vez que sientas estrés o tensión. Respira lenta y profundamente de forma que suba y baje el abdomen. Para evitar la hiperventilación, respira sólo cuando lo necesites. A medida que te relajes, concéntrate en el sonido y en la sensación de respirar. Sigue respirando profundamente entre dos y cinco minutos.

El aliento de la vida

Respirar es imprescindible para vivir. Cada vez que respiramos se produce un pequeño milagro físico y químico. Sin embargo, la mayoría de la gente nunca piensa en la respiración a menos que el aire esté contaminado o tenga asma o alergias. No valora este milagro cotidiano.

Detengámonos un momento para prestar agradecida atención al aliento de la vida.

La acción de respirar, como todos los movimientos del cuerpo, la ejecuta un músculo: el diafragma. Este músculo divide el tronco en dos y separa el pecho del estómago. Cada vez que inhalamos, el diafragma se estira hacia abajo, levanta un poco el estómago y expande los pulmones y el tórax. Cuando se inspira por la nariz, el aire se calienta hasta alcanzar la temperatura del cuerpo, se humidifica y se limpia parcialmente.

Los pulmones son como un árbol al revés, con muchas ramas llamadas bronquios y hojas llamadas alvéolos. Éstos se expanden como globos cuando entra aire en los pulmones. Cada pequeño globo está rodeado de diminutos capilares, pequeños vasos sanguíneos que absorben oxígeno y expelen dióxido de carbono con cada respiración.

Todos los glóbulos rojos que circulan por el organismo recorren los pulmones. Cada vez que pasan por allí absorben oxígeno, fuente de vida, y desechan los residuos: el dióxido de carbono.

Al exhalar, el diafragma se relaja y se desplaza hacia arriba, de modo que saca casi todo el aire de los pulmones, se deshace del dióxido de carbono y despeja el camino para la siguiente bocanada vital de oxígeno.

Cuando uno está estresado tiende a poner tensos los músculos del estómago, lo que interfiere en el movimiento completo y natural del diafragma. Como compensación se efectúa una «respiración alta o de pecho», que suple el alcance limitado de los movimientos del diafragma empleando los músculos de los hombros y el pecho para expandir la caja torácica. Es una forma de respirar ineficaz que hace aumentar aún más la tensión.

Para tomar conciencia de la belleza y los aspectos calmantes del aliento de la vida, prueba esta técnica de contar las respiraciones.

Túmbate de espaldas y levanta un poco las rodillas para aligerar la tensión de la cintura y el abdomen. Puedes cerrar los ojos o mirar el techo sin fijar la vista.

Respira lenta y profundamente con el estómago, de manera que se levante con cada inhalación y baje con cada exhalación. No te esfuerces por llenar demasiado los pulmones, deja que se llenen con comodidad.

Presta atención a cada secuencia de la respiración: inhalación, cambio de dirección (el momento en que dejas de inhalar y empiezas a exhalar), exhalación, pausa entre las respiraciones y así sucesivamente.

Cuando alcances un ritmo suave y regular, empieza a contar tus respiraciones. Mientras exhalas, di «uno», y sigue contando cada exhalación hasta cuatro. Después vuelve a empezar por «uno». Quizá llegues a relajarte tanto que te distraigas y pierdas las cuenta. Si te sucede, comienza otra vez por «uno».

Eso es todo. Es la forma más sencilla posible de relajarse. Cuando estés listo para terminar el ejercicio, puedes decirte: «Estoy agradecido del milagro de la respiración. Puedo relajarme así cada vez que quiera».

Lo viejo es lo más nuevo

En 1929, el médico Edmund Jacobson de Chicago publicó un pequeño libro titulado *Progressive Relaxation* [Relajación progresiva] que continúa siendo objeto de interés. No muchos libros de autoayuda escritos hace setenta años siguen a la venta, por no mencionar que aún tengan gran vigencia. Pero en este caso se debe a tres razones: es sencillo, fácil de seguir y funciona.

El «método de relajación muscular progresiva» de Jacobson es la piedra angular de casi todos los programas de relajación. Primero enseña a contraer y después a relajar conjuntos de músculos de todo el cuerpo. En el proceso, se aprende a saber qué se siente cuando hay una relajación profunda, a reconocer la tensión y a librarse de ella rápidamente allí donde aparece.

El siguiente resumen del método de relajación muscular progresiva enseña a contraer y relajar grandes conjuntos musculares en un orden lógico. Comprueba cómo sientes las diferentes partes de tu cuerpo cuando están relajadas. ¿Pesadas? ¿Tibias? ¿Hormigueantes? Saber reconocer la diferencia entre relajación y tensión muscular —a menudo tan crónica que ni se nota— es un elemento clave.

Las contracciones de los músculos no deben durar más de siete segundos.

1. Inhala profundamente y lleva el aire al abdomen. A medida que exhales, deja que todo tu cuerpo empiece a relajarse.
2. Cierra los puños, aprieta los antebrazos, los bíceps y los músculos pectorales (tipo culturista). Mantén la tensión durante siete segundos y afloja. Nota la sensación de relajación en los brazos y el pecho.
3. Arruga la frente. Manténla así durante siete segundos y afloja. Al mismo tiempo, gira la cabeza en el sentido de las agujas del reloj y luego al revés. Nota la sensación de relajación en la frente.
4. Ahora arruga la cara como una nuez, frunce al mismo tiempo el entrecejo, los ojos, los labios, aprieta la mandíbula (a menos que tengas síndrome de articulación temporomandibular) y encorva los hombros. Mantén la tensión durante siete segundos y afloja. Nota qué sientes cuando la cara y los hombros se relajan profundamente.
5. Arquea suavemente la espalda e inspira profundamente con el pecho. Mantén la posición y aguanta la respiración. Afloja.
6. Vuelve a inhalar profundamente, esta vez sacando barriga. Deja que se hinche de verdad. Mantén esta postura durante siete segundos y relájate. Observa de nuevo qué sientes cuando relajas la espalda y el estómago.
7. Ahora flexiona los pies y los dedos de los pies. Aprieta las nalgas, los muslos y las pantorrillas. Mantén la tensión y afloja.
8. Por último, estira los dedos de los pies (tipo bailarina) mientras aprietas las nalgas, los muslos y las pantorrillas. Afloja al cabo de siete segundos. Nota qué sientes en las piernas cuando están relajadas de verdad. Haz un breve repaso a tu cuerpo y entrégate a la relajación que se extiende de la cabeza a la punta de los pies.

Ejercicio de relajación instantánea

Si has aprendido el método de relajación muscular progresiva (véase el capítulo anterior), estás preparado para una reducción de estrés a lo grande y pronto podrás relajarte en cualquier momento y lugar casi instantáneamente.

Olvídate de los tranquilizantes. Tampoco tienes que esperar a ese famoso viaje a Hawai. Dentro de poco sabrás cómo relajarte aun en medio de una crisis… incluso si tu suegra llega de visita inesperadamente.

La «técnica de relajación controlada por clave» se basa en los conocidos principios que gobiernan el adiestramiento: cuando dos cosas no relacionadas entre sí suceden al mismo tiempo (por ejemplo, todos los mediodías suena una campana mientras un monje reza sus plegarias), la mente asocia ambos acontecimientos. Con el tiempo, si los dos se repiten a menudo juntos, uno de ellos puede desencadenar sentimientos y reacciones ligadas al otro (el mero sonido de una campana al mediodía puede estimular las sensaciones de paz ligadas a las plegarias de los monjes).

En el próximo ejercicio hay que elegir una palabra o una frase clave que se irá asociando a sensaciones de profunda relajación. Con un poco de práctica, el solo hecho de pensar en esa palabra, como la campana del monje, hará que los músculos de todo tu cuerpo se aflojen.

El primer paso es escoger una palabra o frase clave. Ha de ser algo que nos guste, pero también es conveniente que diga exactamente lo que tenemos que hacer. He aquí algunos ejemplos:

Relájate y déjate ir.
Respira y aflójate.
Cálmate y relájate.
Relájate ahora.
Paz.

También se puede elegir un color o un lugar favorito como palabra clave. Sirve cualquier cosa siempre y cuando la práctica la ligue a sensaciones de relajación.

El segundo paso es relajarse utilizando la misma secuencia de músculos aprendida con la técnica de relajación muscular progresiva, pero esta vez no hace falta poner en tensión nada. Limítate a relajar cada conjunto de músculos aflojando toda la tensión que haya en esa zona. Al mismo tiempo, respira hondo y di mentalmente la palabra o frase clave. La secuencia es la siguiente:

1. Respira hondo. Di la frase clave.
2. Relaja los antebrazos, los bíceps y los músculos pectorales. Respira hondo. Di la frase clave.
3. Relaja la frente. Respira hondo. Di la frase clave.
4. Relaja los ojos, las mejillas, los labios, la mandíbula, el cuello y los hombros. Respira hondo. Di la frase clave.
5. Relaja la espalda y el pecho. Respira hondo. Di la frase clave.
6. Relaja el abdomen. Respira hondo. Di la frase clave.

7. Relaja las pantorrillas, los muslos, las nalgas. Respira hondo. Di la frase clave.
8. Haz un breve repaso a tu cuerpo en busca de restos de tensión. Aflójalo mientras respiras hondo por última vez. Di la frase clave.

Practica la técnica de relajación controlada por clave todos los días durante una semana. Sólo cuando estés seguro de tu capacidad de aflojar la tensión por medio de tu voluntad de relajarte, pasa a la etapa final.

En ella, relajas todos los grupos de músculos simultáneamente mientras respiras hondo y piensas en la frase clave. A continuación inhala profundamente, piensa en la frase clave mientras exhalas y repasa tu cuerpo en busca de cualquier tensión. Concéntrate en los músculos que necesitan relajarse y vacíalos de tensión. Muy pronto tardarás entre treinta y sesenta segundos en llegar a un importante grado de relajación.

Al principio, practica esta técnica en momentos de silencio y tranquilidad. Después empieza a utilizar tu frase clave en momentos de ligera tensión en casa o el trabajo. Sigue practicando hasta que logres relajarte con la clave incluso aunque tu jefe esté furioso o los niños no paren de pelearse en el asiento trasero. Y recuerda que para dominar esta técnica, y cualquier otra, hace falta invertir tiempo. ¡Pero funciona!

Visualizar metáforas relajantes

Los poetas saben que el camino de la comprensión pasa por la metáfora. «Mi corazón es un pájaro en vuelo» dice mucho más que «Me siento bien». Hay algo en la mente humana que hace que intuitivamente se capte y se prefiera la expresión metafórica.

¿Qué metáforas solemos utilizar cuando pensamos en el estrés o hablamos de él? ¿Describimos las manos como dos «cubitos» cuando las tenemos frías? ¿O decimos que nos martillea la cabeza cuando nos duele? ¿Nos imaginamos los músculos doloridos como un nudo?

Las metáforas son muy poderosas; pueden, literalmente, crear sensaciones. Podemos, por ejemplo, utilizar imágenes metafóricas de relajación para visualizar cómo desaparece la tensión. Una imagen metafórica es cualquier impresión imaginaria de los sentidos que representa la transformación de la tensión en relajación.

Por ejemplo, un color cálido, como el rojo, podría representar la tensión e iría transformándose en un color más relajante, como el azul o el verde.

Aquí hay algunas imágenes metafóricas que se pueden usar como visualizaciones rápidas de relajación:

Una tiza que se convierte en polvo sobre la pizarra.
Una cuerda o un cable estirado que se afloja.
Una sirena que se transforma en el murmullo de una flauta.

El olor penetrante de amoníaco o alquitrán que se convierte en perfume o en aroma de pan recién horneado.

El haz de luz de un faro potente que se transforma en la llama de una vela.

Un túnel oscuro y estrecho que desemboca en una pradera suave y verde.

El repiqueteo de un martillo neumático que se convierte en un masajista que trabaja con tus músculos.

Las siguientes reglas para visualizar metáforas relajantes son muy sencillas:

1. Túmbate en un lugar silencioso y cierra los ojos.
2. Examina tu cuerpo y ponte en disposición de relajar los músculos tensos.
3. Crea imágenes mentales que abarquen todos los sentidos: vista, oído, olfato, tacto y gusto. Por ejemplo, imagina un bosque con sus árboles, el cielo azul, las nubes blancas y un manto de pinaza. Después añádele el ruido del viento entre los árboles, el murmullo de un arroyo y el canto de los pájaros, la sensación de la tierra bajo tus pies, la tibieza del sol, el aroma de pino y el sabor del agua de un manantial de la montaña.
4. Emplea afirmaciones breves y positivas que confirmen tu capacidad de relajarte a voluntad.

La clave para que este sencillo proceso obre maravillas es usar imágenes metafóricas que actúan directamente sobre los sentidos. De ese modo, no se ven sólo nubes blancas, sino masas de algodón contra un cielo azul celeste.

Respiración autoinducida

¿Has notado lo pesado que sientes el cuerpo cuando estás profundamente relajado? El psiquiatra Johannes Schultz empleó este simple hecho para elaborar uno de los métodos más efectivos de reducción de estrés jamás concebidos. Descubrió que bastaba con imaginar que las piernas y los brazos se ponían muy pesados para liberar gran parte de la tensión y lograr una calma profunda. La imagen de pesadez manda el mensaje a los músculos de que se relajen y aflojen.

Schultz también descubrió otra cosa que puede resultar muy útil: cuando uno se imagina que aumenta la temperatura de los brazos y piernas —como si estuviera tomando el sol, por ejemplo— no sólo se relaja todo el cuerpo sino que disminuye la presión arterial porque las imágenes de tibieza relajan las paredes de los vasos capilares y permiten que la sangre circule sin constricción.

En la respiración autoinducida, se usa la imaginación para crear una sensación de pesadez y tibieza en los miembros. Dejamos que la mente viaje a una cálida playa, donde el ligero peso de la arena sobre los brazos y piernas nos calma y relaja todos los músculos del cuerpo.

Empieza por respirar lenta y profundamente. Deja que el aire vaya hasta el abdomen y que la sensación de relajación aumente con cada respiración.

Ahora imagina que estás en la playa. Ves a las gaviotas volar en círculos y oyes los graznidos. Las olas se deslizan sobre la arena, rompen, rugen y retroceden. Deja que te arrulle el rugido… el silencio… y otra vez el rugido.

Ahora siente la tibieza de la arena. Imagina que cubre con suavidad tu cuerpo. Siente el peso de la arena sobre los brazos y las piernas. Nota lo agradable que es ese calor, tibio y pesado. Deja que esa sensación se intensifique durante un rato. Imagina con claridad la arena sobre las piernas y los brazos. Tibia y pesada.

Sigue respirando profundamente. Con cada inhalación y exhalación aumenta la relajación. Nota el ritmo de tu respiración. Cuando inhalas, piensa en la palabra «tibio». Concéntrate en la tibieza de la arena que rodea tu cuerpo. Cuando exhalas, piensa en la palabra «pesado». Siente el peso de la arena sobre los brazos y las piernas.

Continúa respirando hondo. «Tibio» al inhalar, «pesado» al exhalar. Mantén la imagen de la playa y siente la pesadez de los brazos y las piernas entre tres y cinco minutos.

Alimentación consciente

Los mejores métodos de relajación son los que pueden entrelazarse en la trama de nuestra rutina cotidiana y nos brindan momentos de paz y rejuvenecimiento durante el día o la semana. La gente más tranquila suele ser la que habitualmente medita, practica yoga, hace gimnasia, jardinería, pinta o algo por el estilo.

Si no tenemos tiempo para dedicar a una nueva práctica de relajación, podemos cambiar la forma de hacer algo que estamos obligados a hacer. Por ejemplo, de vez en cuando podemos comer de otra manera.

Comer cosas deliciosas y nutritivas en un ambiente tranquilo y sin prisas puede ser algo profundamente relajante. Por el contrario, engullir comida basura de prisa y corriendo contribuye al estrés. Comer conduciendo, mirando la televisión, hablando o leyendo puede socavar el efecto naturalmente tranquilizador de una buena comida que se toma conscientemente en paz.

La solución es intentar hacer una comida sana, o al menos tomar un alimento nutritivo al día, con tiempo y concentrándonos en la comida en vez de hacerlo en la televisión o la agenda.

Cuando tengas quince minutos libres, libres de interrupciones, siéntate delante de la comida. Para este ejemplo, vamos a suponer que estás comiendo una manzana. Despeja la mesa; que no haya libros ni revistas, radio ni televisión, nada que te distraiga de la comida.

Primero mira el alimento. Observa los colores y las formas. Examina las partes brillantes y mates de la manzana. Después toca la fruta. Sosténla en la mano y siente el peso, la suavidad de la cáscara, la rigidez del tallo. Ahora huélela, inhala la fragancia dulce y ligeramente ácida. Nota si se te hace la boca agua.

¿Cómo te sientes? Pon nombre a tu estado de ánimo: hambriento, avergonzado, tranquilo, feliz, contento, o lo que sea. Di que aceptas tus sentimientos como legítimos y apropiados. Percibe cualquier pensamiento que tengas sobre esta comida y este ejercicio: «es divertido», «es estúpido», «es raro», «lo estoy haciendo mal», etcétera. Dite a ti mismo que todo lo que piensas está bien. Acuérdate de abordar esta experiencia con una mente abierta y vacía, de centrarte en la comida y relajarte.

Da el primer mordisco. Nota la textura del trozo que se separa de la manzana, el sabor, la frescura. Empieza a masticar despacio y percibe cómo evoluciona el sabor mientras masticas. No pierdas de vista la forma en que la lengua y los dientes trabajan juntos.

Traga y siente cómo funcionan los músculos. Imagina adónde va la comida: del fondo del paladar, baja por la garganta, entra en el estómago. Piensa que te estás alimentando con comida buena.

Sigue comiendo concentrado en las sensaciones físicas y los sabores. Toma conciencia de la postura de tu cuerpo, de las sensaciones de tu cuerpo.

Nota cómo desaparece el hambre y aumenta la sensación de saciedad. Cuando estés lleno y satisfecho, para de comer, aunque te quede comida. Recuerda que tienes la posibilidad de usar las horas de las comidas como un refugio de paz y relajación.

Seguir moviéndose

El cuerpo está diseñado para moverse. Podemos decir que a nivel atómico la materia es movimiento: los electrones, los neutrones y los fotones giran los unos alrededor de los otros para formar los átomos, que a su vez forman las moléculas, que a su vez forman todo lo que hay en el universo. Por lo tanto, vemos que todo está en movimiento constantemente. Si se detuviera, el universo desaparecería.

Si uno se detuviera por completo, también desaparecería. A pesar de todo el movimiento que tiene lugar dentro del organismo, hay que mover el cuerpo a un nivel físico. Si uno se sienta todo el día a un escritorio, no tarda en darse cuenta de que el cuerpo se agarrota y se vuelve perezoso. Esto se debe a que algunas partes del sistema necesitan movimiento para funcionar adecuadamente.

Por ejemplo, la mayoría de la gente supone que el corazón se ocupa de bombear la sangre. Es verdad, pero hasta cierto punto, porque el movimiento de las piernas también es fundamental para el sistema circulatorio. Los músculos y los vasos sanguíneos de las piernas están diseñados para funcionar como una bomba que impulsa la sangre de vuelta al corazón. Así, cuando uno camina o corre, la circulación se acelera de manera espectacular.

De igual modo, la digestión, la respiración y el tono muscular general dependen de la frecuencia del movimiento del cuerpo para funcionar correctamente y mantenerse sanos.

Si tu trabajo te exige que pases todo el día sentado ante un escritorio, puedes hacer los siguientes ejercicios para mantener tu cuerpo en movimiento.

Levántate de la silla al menos una vez por hora. Ponte recto y extiende los brazos hacia adelante.

Gira lentamente los dos brazos hacia arriba y hacia atrás como las aspas de un molino. Repítelo varias veces. Después gíralos en la dirección opuesta. Luego, intenta girar los brazos en direcciones opuestas.

Mueve las piernas. Marcha sin moverte levantando las rodillas a cada paso.

Respira hondo mientras te mueves. Dite a ti mismo que estás ayudando al corazón con el movimiento de todo el cuerpo. La sangre recién oxigenada fluye del corazón y los pulmones. Limpio de toxinas acumuladas por la inactividad y con el cerebro estimulado, volverás al trabajo con renovadas facultades.

Segunda parte

Calmar la mente

Es posible que, aunque se aprenda a relajar el cuerpo, nunca se logre una calma auténtica. En treinta segundos, los pensamientos que generan estrés pueden deshacer los efectos de cualquier ejercicio de relajación. Hay que aprender a vivir el momento, abandonar la ansiedad y entregarse a los instantes de pacífica reflexión y rítmica respiración. Calmar la mente es un paso necesario para una liberación duradera del estrés.

El rito de la respiración alterna

Todo el mundo tiene rituales, hasta la gente más pragmática, científica y escéptica. Quizá no practiquemos ritos formales, como la misa católica o las oraciones islámicas en dirección a la Meca, pero indudablemente repetimos pequeños actos que nos ayudan a pasar el día y mantener la estructura de la vida.

Ciertos ritos son sólo cuestiones de gusto: la manera en se que llena el lavaplatos o se arregla el escritorio. Otros son supersticiones, como tocar madera después de decir algo muy optimista. Algunos actúan como un talismán cuyo secreto sólo conoce uno, como el jarrón de la entrada que siempre tiene que tener flores frescas, o levantar el palo tres veces y respirar hondo antes de cada golpe cuando jugamos al golf.

Es bueno tener algún rito al que recurrir cuando se está en una situación de estrés y hace falta calmarse. Es posible llegar a asociar ciertas acciones y situaciones a la relajación: poner un CD de música clásica en el aparato, quitarse los zapatos, aflojarse la corbata, poner los pies sobre el escritorio, tumbarse de espaldas y cosas por el estilo. Todas estas sencillas acciones pueden alejarnos de los factores externos de tensión y hacer que nos centremos en el proceso de relajación.

A veces uno no puede quitarse los zapatos y tumbarse. Otras, uno puede ponerse cómodo físicamente, pero la mente no se calma ni se concentra en relajarse. En esos casos, se puede probar el rito de la respiractón alterna, adaptado de una técnica yoga. Funciona en cualquier parte y a cualquier hora, siempre y cuando no se tenga la nariz tapada. La idea es sencilla: se respira primero por un orificio nasal y después por el otro.

Esta forma de respirar no tiene nada de profundo ni de mágico. Sólo permite que uno se concentre en la respiración, el fundamento de la meditación. Por otra parte, el hecho de tapar un orificio y después el otro mantiene ocupada la mano, de modo que uno pierde el hilo habitual de pensamientos y se centra en una sola cosa, lo cual es otro de los fundamentos de la meditación. Alternar la respiración también ayuda a relajarse.

Los pasos son sencillos.

1. Siéntate en un sitio cómodo con una buena postura.
2. Apoya el índice y el dedo corazón de la mano derecha sobre la frente.
3. Cierra el orificio nasal derecho con el pulgar.
4. Inhala lenta y silenciosamente por el orificio izquierdo.
5. Cierra el orificio nasal izquierdo con el anular y abre al mismo tiempo el derecho separando el pulgar.
6. Exhala lenta y silenciosamente todo el aire por el orificio nasal derecho.
7. Inhala por el orificio derecho.
8. Cierra el orificio derecho con el pulgar y abre el izquierdo.
9. Exhala por el orificio nasal izquierdo.
10. Repite al menos cinco ciclos completos.

Meditación con una banda móvil

Ésta es una combinación eficaz y agradable de imágenes, relajación muscular progresiva y meditación. Es particularmente útil porque dirige la atención hacia el interior y la ciñe a las sensaciones inmediatas, como en una práctica de meditación clásica. Al mismo tiempo, las imágenes basadas en el cuerpo activan la respuesta natural de éste a relajarse.

Siéntate en una posición cómoda y respira hondo con el abdomen. Imagina que una banda de unos ocho centímetros de ancho te rodea la parte superior de la cabeza. Trata de centrarte completamente en la parte de la cabeza cubierta por la banda imaginaria. Toma conciencia de todas las sensaciones físicas de la frente. Si notas tensión, intenta aflojarla. Relaja todo hasta que sientas que la frente y la parte superior de la cabeza estén completamente libres de estrés.

Baja la banda imaginaria unos ocho centímetros, de modo que te cubra la nariz y la boca. Pon toda la atención en la zona cubierta por la banda y siente todo lo que sucede allí. Nota el interior de la nariz, los labios, las encías superiores, el oído izquierdo, las mejillas, la nuca. Toma conciencia de todas las tensiones y aflójalas. Relaja completamente esta parte de la cabeza. Respira hondo mientras te dices: «Afloja, suelta las tensiones».

Continúa bajando la banda por tu cuerpo de ocho en ocho centímetros (el ancho de la banda). Presta atención a todo lo que sientes, especialmente a las tensiones. A medida que las vayas aflojando, respira hondo y acuérdate de «soltarlas». Nota cómo sientes los músculos cuando al fin se relajan.

En el momento en que la banda llegue al torso, imagina que te rodea un brazo, el tronco, el otro brazo, y pasa por la espalda hasta cerrar el círculo. Trata de concentrarte completamente en todas las sensaciones de esos ocho centímetros de cada brazo, el pecho y la espalda. ¿Tienes alguna tensión en los hombros, en la espalda? Afloja cualquier nudo que encuentres y sigue bajando la banda por el torso.

Acuérdate de usar la palabra «suéltala» a medida que relajas la tensión debajo de la banda. Es útil usar las mismas palabras una y otra vez porque con el tiempo actúan por sí solas como una clave para relajarse.

Sigue moviendo la banda por el torso y los brazos hasta llegar a las piernas. Nota cada tensión y aflójala. Examina la sensación en el sitio en el que las piernas se tocan así como donde los muslos se apoyan sobre la silla. Concéntrate en la parte en la que los pies tocan el suelo.

Cuando la banda llegue a los pies, ábrela y hazla desaparecer. Imagina que todo tu cuerpo irradia una luz azul clara. Estás profundamente relajado, completamente en paz.

Un lugar especial

Todo el mundo necesita un lugar al que poder escaparse para estar a salvo durante un rato de las presiones y el estrés. Pero a veces no existe tal refugio. Es entonces cuando hay que crear un sitio seguro y tranquilo en la imaginación, un lugar al que acudir cada vez que haga falta relajarse.

Nuestro refugio puede ser real o ficticio, pero debe ofrecer un ambiente en el que estemos cómodos, tranquilos y fuera del alcance de lo que nos amenaza o altera. Debemos ir a menudo, siempre que empecemos a sentir tensión. Simplemente hay que cerrar los ojos y concentrarse en la imagen de ese lugar especial. Verlo, oírlo, sentirlo. Incluso una visualización de treinta segundos suele bastar para ayudar a relajarse.

Se puede practicar la visualización de ese lugar especial en la oficina, después de aparcar el coche, cuando juegan los niños con los juguetes… en cualquier momento en que podamos cerrar los ojos durante treinta segundos.

Para crear tu lugar especial empieza por respirar lenta y profundamente. Cierra los ojos y sigue respirando despacio, permitiendo que todo tu cuerpo se relaje con cada espiración. Ahora deja que tu imaginación vague libremente para que busque ese refugio en el que te sientas seguro, tranquilo y relajado. Puede ser al aire libre o bajo techo, una habitación conocida y querida o una pradera alpina. Un sitio en el que hayas estado muchas veces, o un lugar creado íntegramente por tu imaginación.

Cuando lo hayas encontrado, tómate tu tiempo para darle vida. Observa las vistas desde lejos. Mira lo que hay arriba, lo que hay debajo, lo que tienes delante, los colores, las formas. ¿Qué oyes? ¿El ruido de las olas, un arroyuelo o el tictac de un reloj? Deja que el sonido te relaje.

¿Qué hueles? Si hay una fragancia, que sea algo que asocias con la tranquilidad. Toca algo de tu sitio y siente la textura. Nota la temperatura y cómo es el aire.

Éste es tu refugio y aquí puedes ser exactamente como quieras. Si es demasiado luminoso o demasiado oscuro, ajusta la luz. Si es solitario, lleva alguna gente. Si quieres estar solo, que se vayan. Caliéntalo o refréscalo, como lo desees. Trata de que sea seguro. Si necesitas paredes o kilómetros de océano para protegerte, una cerradura o un acantilado que nadie pueda escalar, ponlos en escena.

Ahora imagina que estás sentado o acostado cómodamente en tu refugio y te sientes profundamente relajado. Inhala lentamente con el abdomen, siente todo tu cuerpo pesado y sereno. Mira lo que tienes a tu alrededor, óyelo, siéntelo. Deja que embargue tus sentidos hasta que estés en paz. Permite que el sitio te envuelva con su gracia protectora.

Una vez que hayas imaginado este escenario seguro, puedes regresar en cualquier momento. Intenta ir a ese sitio especial y volver a tu entorno real una y otra vez. Empieza por cerrar los ojos durante treinta segundos en tu lugar especial y regresa durante un minuto a tu ambiente habitual. Cierra otra vez los ojos durante treinta segundos en tu sitio especial, y vuelve, así unas cinco o seis veces.

El ejercicio de ir y venir te permitirá llegar a un punto en el que puedas acudir a tu lugar especial casi instantáneamente. A partir de entonces, puede ser un refugio para relajarte cada vez que lo necesites y dondequiera que estés.

Retirarse a la oscuridad

Es posible que te sorprenda saber que gran parte del estrés entra por la vista. La luz del sol o los faros de los coches nos hacen entrecerrar los ojos. Los colores chillones pueden volvernos irritables. Los movimientos bruscos nos asustan. El viento y el polvo nos hacen parpadear y lagrimear. Leer durante muchas horas irrita los ojos.

Los anuncios de televisión, de imágenes cambiantes, provocan un enorme cansancio en los ojos. Las vallas y los carteles luminosos compiten en brillantez para atraer y mantener nuestra atención. Hemos creado un mundo moderno frenéticamente visual que es un asalto continuo a los ojos, creados para observar verdes praderas y doradas sabanas.

También hay factores de estrés emocional relacionados con la vista. El abigarramiento urbano o el desorden doméstico —el equivalente visual al ruido— pueden agotar. Trabajar demasiado no sólo cansa la vista sino que hace que uno esté «harto» de mirar papeles. Algunos días, se mire a donde se mire, sólo se ven cosas que recuerdan el trabajo pendiente, las esperanzas truncadas, las obligaciones no cumplidas, las oportunidades perdidas y las derrotas sufridas.

Los ojos están puestos hacia fuera porque son la herramienta fundamental para observar y comprender el mundo exterior. Son literalmente los vigías que inspeccionan constantemente el horizonte en busca de peligros u oportunidades.

Los ojos cansados necesitan la oscuridad para descansar de la vigilia y de la agresión cotidiana de imágenes. La negrura nos aísla del mundo real y nos obliga a mirar «dentro», una imposibilidad física pero una necesidad espiritual.

Trata de disfrutar de la oscuridad un par de veces al día. Sólo te llevará un minuto. Sentado a tu escritorio o mesa, pon las palmas de las manos sobre los ojos cerrados. Impide el paso de la luz pero sin apretar demasiado los párpados.

Trata de ver el color negro. Puede que veas otros colores o imágenes, pero concéntrate en el negro. Usa una imagen mental para recordar el color: un gato negro, los agujeros negros del espacio, el fondo de un armario oscuro.

Puedes decirte que ahora mismo no tienes nada que mirar. Deja que se relajen los músculos de alrededor de los ojos, los párpados, el globo ocular, el entrecejo, la frente, las mejillas.

Al cabo de un minuto, aparta despacio las manos y abre los ojos lentamente. Recuerda que a lo largo del día puedes cerrar los ojos casi en cualquier momento y escaparte a la oscuridad.

Soltar el lápiz

Cuando una zona de alta presión atmosférica se encuentra con otra de baja presión pueden originarse tornados que chupan todo lo que encuentran a su paso, sembrando el caos y la destrucción.

Cuando la alta presión de nuestro estilo de vida se topa con un nivel de energía bajo puede desencadenarse un torbellino emocional que hace que todo lo que valoramos —seres queridos, trabajo, esperanzas, sueños— parezcan despojos que se arremolinan a nuestro alrededor.

Antes de que echemos a andar por este territorio emocional sembrando el caos y la destrucción, es mejor hacer una pausa para relajarse y centrarse en uno mismo. Cuando la vida nos parece un torbellino, la imagen de un centro en calma es muy importante. En el centro mismo de un tornado existe un punto en que el aire está perfectamente en calma.

Puedes decirte: «Soy el centro en calma de este torbellino. Hago una pausa para ponerme en orden, para volver al centro. En mi núcleo hay un punto que no se arremolina con cada ráfaga de viento».

Paradójicamente, cuando logramos situarnos en ese punto tranquilo, el remolino se hace más lento, el polvo se asienta y la vida parece más ordenada y gobernable.

Un lápiz puede ayudarte a encontrar ese centro de calma. Es algo que puedes practicar sentado a tu escritorio o a la mesa de tu casa, cuando repasas las cuentas y te hace falta acudir un instante a tu centro de calma para continuar con tu trabajo.

Levanta un lápiz por el lado de la punta. Sosténlo muy suavemente entre el pulgar y la yema del índice dejando que al otro extremo se incline hacia abajo y cuelgue a unos cinco centímetros de la superficie de la mesa. Apoya la cabeza sobre la otra mano y ponte lo más cómodo que puedas.

Cierra los ojos y sosiega el ritmo de la respiración conscientemente. Dite que, cuando estés lo bastante relajado, el lápiz resbalará de tus dedos y caerá. Ésta será la señal para dejarte ir por completo, relajarte y sentirte en paz durante dos minutos.

Imagina que estás en el centro de un remolino. Oyes silbar el viento frío, pero donde tú estás reina la calma. El sol brilla, hace calor y te sientes seguro. Imagina que todos tus problemas y preocupaciones se alejan. El remolino se expande y gira más despacio. El centro se hace más grande y más tranquilo.

Sigue respirando despacio y piensa en aflojar y relajar todos los músculos en tensión. Si aparece una preocupación o una duda, dite a ti mismo: «Tranquilo, por el momento puedo desprenderme de ella y relajarme. Me quedaré aquí sentado, en calma y centrado, muy... muy relajado».

Desde el momento en que el lápiz se cae, disfruta de tu centro de calma durante un par de minutos. Después vuelve a lo que estabas haciendo con renovada energía, sereno, relajado y concentrado.

Fijarse en algo especial

¿Tienes alguna piedra especial, un anillo, un caracol o algún pequeño objeto que hayas recogido y guardado? Quizás haya algún adorno siempre sobre tu escritorio o lleves encima una moneda o una chuchería.

Se puede usar un pequeño objeto para facilitar la meditación y la relajación. Lo único que hay que hacer es sentarse y mirarlo, sin describirlo con palabras, sin asociarlo a nada ni pensar en su utilidad.

Para la mente humana, el mero hecho de mirar un objeto tiene algo de relajante. En lugar de saltar de una preocupación a otra, la mente puede centrarse en una sola cosa y refugiarse en ella sin tener que hacer planes, resolver problemas ni reaccionar a nada. Algunos maestros afirman que ésta es la esencia de la meditación: la contemplación de un solo objeto a la vez sin apego ni análisis alguno.

¿Te has sorprendido alguna vez mirando fijamente la pared o por la ventana sin pensar en nada en especial? Explica a tu profesor, a tu jefe o a tu pareja que no estás perdiendo el tiempo, sino que haces una pausa de meditación, que practicas la legendaria búsqueda de la paz a través de la contemplación desapegada de sencillas formas.

Escoge algún objeto especial de tu entorno inmediato y utilízalo para esta meditación visual. Ponte cómodo y respira hondo varias veces. Coloca el objeto a unos treinta centímetros de ti, sobre una superficie que esté más o menos a la altura de los ojos.

Míralo con especial cuidado. Contémplalo en lugar de mirarlo fijamente. Mantén relajados los músculos faciales. No frunzas el entrecejo ni los ojos.

Fíjate en la forma, el tamaño, el color y la textura del objeto. Recorre lentamente la silueta con la mirada, como si estuvieras tocando el contorno con el dedo.

A continuación, recorre lentamente con la mirada cada milímetro de la superficie que ves.

Descríbete el objeto sin palabras, trata de sentir con los ojos si es blando o duro, con ángulos afilados u obtusos, su peso y densidad. Aparecerán en tu mente palabras e ideas relacionadas con el uso y el significado del objeto. Está bien; no las rechaces, pero déjalas que se vayan.

Entrégate completamente a la experiencia de explorar el objeto, como si jamás lo hubieras visto y fuera lo más fascinante del universo.

Si de pronto tienes frío, calor, te pica el cuerpo o estás rígido, nota las sensaciones físicas y vuelve a contemplar el objeto.

Al cabo de unos cinco minutos, levántate y estírate. Nota cuánto más relajado y concentrado estás.

Cambiar de colores

¿Cómo te sientes cuando cierras los ojos y visualizas el color rojo? ¿Cómo te sientes si imaginas el azul celeste? Las visualizaciones de colores fuertes y evocadores suelen tener un efecto poderoso. Es posible que la reacción primitiva a ciertos colores forme parte del sistema nervioso.

Suele decirse que el «rojo» está asociado a la tensión porque es el color de un bosque en llamas, algo que aterrorizaba a nuestros antepasados. Por el contrario, el azul es el color de un cielo sin nubes. Desde el principio de los tiempos, el azul nos dice que las fuerzas de la naturaleza están en calma y nos podemos relajar. El blanco incluye todos los colores del espectro, por cuya razón se cree que la luz blanca estimula a una profunda paz y a la curación.

En el ejercicio de «eliminación de tensión» se utilizan imágenes rojas, azules y blancas para identificar zonas de tensión en el cuerpo y aflojarlas hasta sentir una profunda relajación.

Inhala lenta y profundamente con el abdomen. Cierra los ojos mientras sigues respirando hondo. Examina tu cuerpo de la cabeza a los pies para ver qué músculos están tensos y cuáles flojos y relajados. Deberías darte cuenta, por ejemplo, de que tienes la frente y el cuello tensos, pero que el estómago está relajado.

Ahora visualiza tu cuerpo como un mapa o una silueta oscura, iluminado por dentro por montones de luces rojas (tensión) o azules (relajación). Imagina las mandíbulas apretadas como una luz roja brillante y los bíceps flojos como un azul zafiro.

Mientras sigues respirando, intenta ver cómo las luces rojas de todas las zonas de tensión se convierten en azules. Mira cómo el rojo se va apagando mientras te liberas del estrés y la tensión en todos los puntos calientes, y es reemplazado por un azul fresco y relajante. Siente cómo vas serenándote a medida que las luces rojas se desvanecen y desaparecen una por una. Cuando el mapa de tu cuerpo se ilumine completamente de azul, disfruta de la pacífica sensación de liberación.

Para profundizar más en la relajación, imagina que las luces azules brillan cada vez en un tono más claro; déjalas que vayan aumentando lentamente de intensidad hasta que todo tu cuerpo se tiña de una tranquila luz blanca o azul celeste.

Cada vez más profundo

La autohipnosis es quizá la técnica de relajación más efectiva y placentera que se haya concebido; la mente y el cuerpo empiezan a sentirse libres, los músculos se relajan, la atención se fija y nos volvemos cada vez más receptivos a la sugestión.

Muchas veces hemos estado hipnotizados sin saberlo, o hemos entrado en trance mientras conducíamos o soñábamos despiertos. Incluso tratar de recordar la lista de la compra u holgazanear delante del televisor puede inducirnos a un estado hipnótico temporal. Es posible que después de una experiencia aterradora hayamos sufrido incluso un estado de shock inducido.

Cuando uno aprende a hipnotizarse a sí mismo, en realidad utiliza un poder que ya posee: la capacidad de la mente de desconectarse del dolor y las tensiones del momento. La hipnosis puede ofrecernos unas vacaciones del estrés, al mismo tiempo que lleva la atención de la mente hacia imágenes curativas y de relajación.

Antes de intentar seguir adelante con la inducción, tienes que hacer dos cosas para prepararte. Primero, crear la imagen de un sitio seguro y tranquilo. Tiene que ser un lugar cómodo y calmo, fuera del alcance de cualquier factor amenazador o de estrés. Se puede utilizar el ejercicio de la página 44, «Un lugar especial». Segundo, debes elaborar una o dos frases de sugestión poshipnótica que te ayuden a mantenerte relajado cuando vuelvas al mundo real. Trata de que sean recomendaciones para el futuro inmediato, así el inconsciente tiene tiempo de ponerlas en práctica. La siguiente lista puede darte algunas ideas:

Puedo levantarme fresco y descansado.
Mi cuerpo está cada vez más sano y fuerte.
Mi mente estará tranquila y relajada durante todo el día.
Cada vez que empiezo a preocuparme, respiro hondo y me olvido.
Me siento relajado, seguro y en paz conmigo mismo.
Voy por la vida con tranquilidad y seguridad.

1. **Respiración profunda.** Empieza por cerrar los ojos e inhala profundamente, despacio. Inhala por segunda vez y relájate mientras exhalas.

2. **Relajación muscular.** Relaja, en este orden, piernas, brazos, cara, cuello, hombros, pecho y abdomen. Mientras relajas las piernas y los brazos, di la siguiente frase clave: «pesados, cada vez más pesados; relajados, cada vez más profundamente relajados». Mientras relajas la frente y las mejillas, di lo siguiente: «suaves y relajadas, aflojo todas las tensiones». Mientras relajas las mandíbulas: «flojas y relajadas». El cuello también empieza a estar «flojo y relajado». Los hombros están «relajados y caídos». Relaja el pecho, el abdomen y la espalda mientras inhalas profundamente. Al exhalar, di: «en calma y relajados».

3. **La escalera o el sendero al lugar especial.** Cuenta cada paso que das

hacia un sitio especial; a cada paso estás más y más relajado. Cuenta despacio de diez a cero. Cada número que digas es un peldaño que bajas. Imagina que cada número que pronuncias y cada paso que das te ayuda a sentirte más y más profundamente relajado. Puedes contar de diez a cero una, dos y hasta tres veces. Cada vez que llegues a cero tu relajación será más profunda.

4. **Tu lugar especial.** En él te sientes completamente a salvo y en paz. Mira a tu alrededor y percibe las formas y los colores. Oye los sonidos, huele las fragancias de tu sitio especial. Nota la temperatura y cómo se siente allí tu cuerpo. Si estás en la playa, intenta oír el ruido de las olas y el murmullo de la espuma sobre la arena. Mira y oye las gaviotas que vuelan. Siente la brisa marina, la tibieza del sol sobre tu cuerpo y la arena debajo de ti. Trata de que participen todos los sentidos en la creación del paisaje: vista, oído, gusto, tacto y olfato.

5. **Profundizar la hipnosis.** Ahora utiliza las siguientes cuatro frases clave una y otra vez, en diferente orden y diferentes combinaciones, hasta que alcances una profunda sensación de calma y desapego.

Flotar y flotar, cada vez más y más.
Sentirse cada vez más y más soñoliento, en paz, sereno.
Flotar soñoliento, flotar y flotar.
Flotar y flotar totalmente relajado.

6. **Sugerencias poshipnóticas.** Después de pasar un rato relajado en tu lugar especial, hazte algunas recomendaciones poshipnóticas. Repite cada una por los menos tres veces.

7. ***Salir de la hipnosis.*** Cuando estés listo para salir del trance, cuenta de nuevo de uno a diez. Entre número y número, recuerda que vuelves para estar «más y más alerta, fresco y completamente despierto». Cuando llegues al nueve, di que tus ojos están abiertos, y cuando llegue al diez, que estás totalmente alerta y despierto.

Acuérdate de la idea básica que hay en cada uno de los siete pasos. Si puedes recordar en líneas generales cada uno de ellos, estás preparado para poner en práctica tu propia inducción. Imagina tu voz pronunciando cada sugerencia hipnótica despacio, tranquila y claramente. Tómate el tiempo necesario para que cada sugerencia penetre profundamente antes de pasar a la siguiente. No tardarás mucho en sentir la profunda relajación que puede proporcionarte la hipnosis.

Tercera parte

Renovar el espíritu

La esencia de uno mismo anhela una sensación de conexión con la tierra, de los unos con los otros, con uno mismo y con nuestros valores más elevados. Cuando nos detenemos y escuchamos la voz de nuestro yo espiritual, éste siempre nos guía hacia un sitio de paz, de auténtica sensación de formar parte de algo.

Los efectos mágicos de la meditación

Hasta la meditación más sencilla tiene un profundo efecto sobre nosotros. Basta con que uno cierre los ojos durante un momento y se diga: «Mi mente está vacía, sólo hay una llama. Sólo veo la llama, pienso sólo en ella». Dejamos que la llama llene el ojo de la mente y entonces eliminamos cualquier otra imagen o pensamiento.

Casi de inmediato, visualizarás o pensarás en cualquier cosa que no sea la llama: preocupaciones por alguna fecha de trabajo que se avecina, planes para una fiesta, pena por un amor perdido, un enfado con tu jefe… Así funciona la mente humana, se resiste al vacío, se resiste a cualquier intento de centrarla en una sola cosa, a la sensación neutra ante un objeto de contemplación.

Cuando otras imágenes, ideas o sensaciones se inmiscuyan, ponles un nombre en tu mente: —miedo… recuerdo… preocupación… plan…— y apártalas. Vuelve a la imagen de la llama. Acuérdate otra vez de vaciar la mente de todo menos de la llama. Quizá tengas que volver a centrarte en ella cincuenta veces. Es posible que tu mente quiera marcharse lejos antes de que te acuerdes de hacerla regresar a la imagen de la llama.

Si practicas esta meditación cinco minutos por día durante una semana, empezarás a darte cuenta de por qué funciona. Comenzarás a notar los efectos casi mágicos de la meditación repetida, de centrar reiteradamente la mente en algo que no sea lo que ella quiere.

La meditación es un proceso por medio del cual dirigimos la atención hacia dentro. El objetivo es lograr una mente «vacía» y silenciosa, libre de deseos, alejada del pasado o el futuro. Independientemente del tipo de meditación que practique la gente, con el tiempo llega a las mismas conclusiones.

- Es imposible preocuparse, temer u odiar si la mente no está pensando en el objeto de esas emociones.
- No hace falta que pensemos en cualquier cosa que se nos pase por la cabeza. Tenemos la capacidad de elegir en qué queremos pensar.
- La aparente diversidad de contenidos de la mente, en realidad corresponde a unas pocas y sencillas categorías: pensamientos mezquinos, de temor, de enfado, de deseo, de planificación, recuerdos y cosas así.
- Actuamos de determinado modo porque tenemos ciertos pensamientos que se han convertido en algo habitual a lo largo de la vida. Las formas esquemáticas de pensar y percibir empiezan a perder influencia cuando tomamos conciencia de ellas.
- Aparte de las ideas e imágenes de la mente, las emociones están compuestas íntegramente por sensaciones físicas. Hasta las más fuertes se vuelven gobernables si nos concentramos en las sensaciones del cuerpo y no en el contenido del pensamiento que produce la emoción.
- Los pensamientos y emociones no son permanentes. Entran y salen de la mente y el cuerpo. No tienen por qué dejar rastros.
- Cuando somos conscientes de lo que pasa aquí y ahora, las reacciones emocionales que provocan altibajos extremos desaparecen. Vivimos con ecuanimidad.

Eso del OM

Hace unos años, una amiga asistió a un taller de meditación de un día y tuve curiosidad por la experiencia. Le pregunté qué habían hecho y qué cosas había aprendido. «Casi todo el tiempo nos lo pasamos sentados haciendo eso del OM», me respondió.

No parecía muy interesante y estuve a punto de cambiar de tema, pero le pregunté cómo se sentía después de la experiencia. «Increíble, en mi vida me he sentido tan en paz —dijo y, al cabo de un momento, añadió—: Estoy como el mar en calma en un día sin viento.»

Su reacción me pareció una recomendación bastante buena para la meditación con mantras, la práctica de centrar la mente en la repetición de una palabra o sílaba. Hace miles de años que se emplea en todo el mundo, y, de todas las técnicas de meditación, es una de las más comunes. Se pueden aprender los elementos básicos en pocos minutos.

Antes de empezar, tienes que elegir una palabra o sílaba como mantra. Puede ser una palabra o sonido que tenga un significado especial para ti o que no tenga ningún sentido. Algunos repiten un color favorito, otros utilizan la palabra «uno». Y muchos, por supuesto, prefieren el mantra tradicional OM.

Empieza la meditación colocándote en una postura cómoda. Puedes sentarte en una silla, en el suelo con las piernas cruzadas, a la manera japonesa, con las piernas dobladas debajo y las nalgas apoyadas sobre los pies. Elijas la postura que elijas, asegúrate de tener la espalda recta, de modo que el peso de la cabeza caiga justo sobre la columna vertebral. Muévete un poco de adelante hacia atrás y hacia los lados hasta que encuentres un punto en que sientas el tronco equilibrado sobre las caderas.

Respira hondo varias veces. Empieza a repetir en silencio la palabra o sílaba elegida. Sigue repitiéndola una y otra vez mentalmente. Por momentos notarás que tu mente se pierde. No pasa nada, pero trata de volver a concentrarte en el mantra.

A veces tendrás conciencia de sensaciones en el cuerpo. Nótalas, pero vuelve a concentrarte en la repetición de la palabra elegida. Busca un ritmo que te resulte apropiado, pero continúa intentando escuchar el mantra (a pesar de los pensamientos y sensaciones que distraen).

Ahora, si estás en un lugar que lo permite, trata de repetir el mantra en voz alta. Deja que el sonido de tu propia voz repitiendo la palabra escogida empiece a relajarte. Sigue atento, escuchando el sonido una y otra vez, monótono pero sereno, hasta que te liberes de todas las tensiones.

En busca del valor más preciado

En situaciones de estrés tenemos que mantenernos atentos a nuestro valor más preciado: lo que más deseamos lograr, el resultado más importante que queremos obtener o el desastre más terrible que debamos evitar.

Por ejemplo, si nos inmoviliza un montón de trabajo, el valor más preciado sería «mantenernos en movimiento». Si no conseguimos que los niños ordenen su habitación, el valor más preciado sería «no perder la paciencia». Si no tenemos tiempo para meditar ni hacer ejercicio, nuestro valor más preciado podría ser «hacerlo tres veces por semana, pase lo que pase».

Si no nos distraemos de nuestro valor más preciado, tenemos el ochenta por ciento de la batalla ganada. Quizá no hagamos todo el trabajo pendiente, pero mantendremos un ritmo regular, en vez de agobiarnos, y no perderemos de vista el objetivo. Puede que la habitación de los niños no quede como nos gustaría, pero al menos no nos dejaremos de hablar con la familia. A lo mejor no fregamos y enceramos el suelo de la cocina, ni arreglamos todos los trastos del garaje, pero podemos enfrentarnos a esas tareas pendientes con la serenidad y la energía positiva de haber cumplido con nuestras metas de meditación y ejercicio.

Piensa en algo que te haya producido estrés últimamente: no llegar tarde a clase, visitar a tu madre enferma, pagar deudas o lo que sea.

En esa situación, ¿cuál es tu valor más preciado? ¿Cuál es el factor más importante para hacer frente al estrés? Resiste la necesidad de responder «todo» o «es imposible». Es necesario descomponer el trabajo o la situación hasta llegar a la parte clave, esencial y factible.

Por ejemplo, a lo mejor no importa si llegas tarde a algunas clases optativas, pero debes llegar puntual a las obligatorias. Ése es el valor más preciado. Puede que lo que más detestes de ir a ver a tu madre enferma son todas sus quejas, así que el valor más preciado es no tomarte lo que dice como algo personal, recordar que está asustada y sola. Tal vez no puedas pagar todas tus deudas, pero al menos podrías no contraer otras. Tu valor más preciado sería guardar bajo llave las tarjetas de crédito.

Busca un momento para sentarte o tumbarte. Cierra los ojos y empieza a respirar lenta y profundamente. Imagina que estás en una situación de estrés: corriendo para llegar puntual a una clase; sentado en una habitación de hospital con tu madre; pasando por delante de tu tienda favorita de ropa o artículos deportivos.

Mírate alterado por llegar tarde, enfadado con tu madre, pensando en gastar dinero que no tienes.

Después recuerda tu valor más preciado. Imagínate manejando la situación para conservar tu valor más preciado pase lo que pase. Trata de ver cómo coges un jersey y llegas a tiempo de subir al autobús. Oye como dices: «Sí, mamá, tienes razón», con desapego y serenidad. Recuerda que la tarjeta de crédito está en casa en un cajón y que no te hacen falta más deudas.

Mirar atrás desde el futuro

Cada detalle aislado de la vida es como la hebra de una telaraña que nos amarra al presente. Mientras tratamos de ocuparnos de los niños, la hipoteca, las cuentas, los aparatos, la lavandería, la compra, el coche, el barco, el jardín, la educación, el trabajo, el ascenso, el aumento de sueldo, el cónyuge, el viaje, las vacaciones, los padres, la boda, el funeral… tenemos la atención fragmentada en mil direcciones.

Preocuparse por todo, responder a cada tirón de las hebras de la vida, es un trabajo enorme. Parece imposible escapar del presente, alejarse de la telaraña y mirar las cosas con un poco de distancia.

Pero podemos escapar de la telaraña del presente; sólo hace falta que usemos la imaginación.

Lo único que hay que hacer es saber soñar despierto. Piensa en el futuro; pero en lugar del futuro inmediato —si vas a poder comprarte un coche nuevo el año próximo o qué vas a ponerte para la fiesta de Navidad—, piensa en el futuro distante.

Imagina que eres muy viejo, aún estás sano y lúcido, pero eres muy viejo. Has tenido una vida larga y plena. Te sientes a gusto y seguro. Estás rodeado de amigos y familiares.

Desde esta perspectiva, empieza a recordar y a entrever todas esas dudas y preocupaciones que ahora te atrapan en la telaraña del presente. ¿Qué importancia tendrán dentro de veinte o treinta años?

Cuando seas viejo y te acerques al final de una vida plena, ¿te importará que tu hija haya ido a tal o cual universidad?, ¿que te pusieran una funda en un diente o te mudaras a un apartamento más grande?, ¿que tu hijo tuviera problemas de lectura en tercer grado o haber discutido con tu pareja por unas tarjetas de crédito?

Recuerda que la telaraña que te liga al presente es sobre todo una ilusión. La mayoría de las hebras son fugaces y, en última instancia, carecen de importancia.

Cuando te imagines mirando atrás desde una edad avanzada, céntrate en lo realmente esencial de tu vida actual; en el amor, los abrazos y los besos, los momentos de paz en el jardín.

Cuando vuelvas al presente, trata de seguir prestando atención a esos momentos preciosos y deja que algunas de esas dificultades triviales se desvanezcan en el aire como telarañas.

El guía interior

Eres la autoridad mundial más importante de ti mismo, quien mejor conoce los factores que te producen estrés y los que lo reducen. La sabiduría interna se basa en que llevas toda tu vida viviendo desde dentro hacia afuera y está al alcance de tu mano en cualquier momento que quieras consultarla.

La mejor forma de conectarse con los niveles más profundos de autoconocimiento es crear un «guía interior», la personificación de tu sabiduría interior, un ser imaginario que pueda aclarar tus sentimientos y ayudarte a comprenderte. El «guía interior» puede adoptar la forma de un padre muerto, un viejo amigo, un maestro o un personaje de una novela o una película, o incluso de un ser simbólico como un águila o un lobo.

Puedes decidir conscientemente quién será tu guía interno o puedes ver qué tipo de guía concibe tu inconsciente, como en el siguiente ejercicio.

Una advertencia antes de que pruebes este ejercicio: si en algún momento te sientes incómodo, o crees que el guía que está surgiendo te da miedo o asco, interrumpe la práctica y vuelve a intentarlo más adelante. Espera a estar en una situación mental que te permita invocar un guía agradable, cálido, generoso y seguro.

Cierra los ojos e imagina que tocan el timbre. Observa cómo caminas despacio, con tranquilidad, hacia la entrada. Te acercas a la puerta, que tiene un cristal en la parte superior, y una puerta mosquitera del otro lado. A través del cristal y la malla de alambre entrevés la silueta de tu guía. ¿Cómo es? ¿Alto o bajo? ¿Delgado o gordo?

Abre la primera puerta y mira a tu guía a través de la malla de alambre. Lo ves bien, aunque el fondo es un poco borroso y oscuro. Fíjate un poco más y observa los detalles del aspecto de tu guía. ¿Es alguien que conoces? ¿Alguien sobre el que has leído o has visto en una película? A lo mejor es una mezcla de gente que conoces.

Cuando te sientas cómodo con tu guía, abre la puerta mosquitera e invítalo a pasar y a sentarse. Sonríele y observa cómo te devuelve la sonrisa. Estréchale la mano, tócalo o, si te parece, dale un abrazo.

Pregúntale: «¿Estás dispuesto a ayudarme?», y espera la respuesta. El guía puede contestarte con gestos o palabras, también puedes percibir la respuesta u oír una voz en tu mente.

Pregúntale: «¿Qué me provoca la tensión?» y espera a ver qué te responde. «¿Cómo puedo relajarme? ¿Qué puedo hacer para evitar el estrés?» Y acepta lo que te conteste, sin crítica. Tal vez tengas que imaginarte al guía varias veces antes de recibir una respuesta clara.

Puedes consultarle sobre cualquier problema que tengas, cosas que te preocupen, decisiones que debas tomar o aspectos de tu vida que no te resulten claros. Quizá te sorprendan la simplicidad y transparencia de las respuestas.

Cuando hayas terminado, despídete del guía y déjalo marchar. Recuerda que puedes invitarlo siempre que tengas necesidad de relajarte o de profundizar sobre un problema.

Vivir conscientemente

A mi hijo le encanta el béisbol. Cuando le pregunté cómo se siente cuando tiene que batear con el lanzador delante, mirándolo, me contestó: «Bastante relajado».

«Estás bromeando —le dije—. El equipo te anima, la gente de las tribunas grita, el lanzador trata de hacerte quedar mal... ¿y tú estás relajado?»

«Cuando la pelota está en el aire, es lo único que veo. El mundo no existe.»

Me di cuenta de que de alguna forma había aprendido un gran secreto: el arte de vivir conscientemente.

Para comprender el concepto de vivir conscientemente tenemos que empezar por preguntarnos: «¿Cómo me relajo si no estoy relajado? ¿Cómo hago para relajarme si tengo que caminar seis manzanas para ir a la tienda, o conducir por una carretera repleta o lavar un montón de platos después de la cena?». La respuesta es hacer todo eso conscientemente, o sea, tener la absoluta conciencia del acto de caminar, conducir o lavar.

Por lo general tenemos problemas cuando tratamos de hacer más de una cosa a la vez, y, por el contrario, experimentamos una armonía básica cuando los músculos, los sentidos y las ideas funcionan en consonancia, centrados en la misma tarea. Supón que tienes que ir andando a la tienda mientras piensas cómo cancelar un crédito. Lo más probable es que no disfrutes, sobre todo porque los músculos y los sentidos responden a un medio y la mente a otro. Esta división de la atención provoca estrés.

Para relajarse, hay que centrar la mente en la misma acción en la que participan los músculos y los sentidos, como mi hijo, que sólo piensa en la pelota y deja que todos los otros pensamientos y sensaciones desaparezcan. Se puede aprender a que los músculos, los sentidos y la mente funcionen en armonía en las tareas cotidianas. Las meditaciones para vivir conscientemente te enseñarán cómo hacerlo.

Caminar

Camina un poco más despacio de lo habitual y presta atención a la respiración. Cada vez que inhales, di «dentro»; y «fuera» cada vez que exhales. Mientras continúas repitiendo «dentro» y «fuera», trata de caminar al ritmo de tu respiración, de modo que empieces a inhalar o exhalar en el preciso momento en que uno de tus pies toca el suelo. Sigue así durante unos minutos hasta que los pasos estén sincronizados con la respiración.

Ahora añade otro elemento. Cuenta los pasos mientras respiras. Di: «Dentro, dos, tres, cuatro. Fuera, dos, tres, cuatro». O bien: «Dentro, dos, tres. Fuera, dos, tres», si caminas más despacio. Por momentos verás que tardas más en inhalar o exhalar y que el recuento de los pasos es desparejo. «Dentro, dos, tres, cuatro. Fuera, dos, tres.» También puede variar de una respiración a otra. No pasa nada. Sigue atento a la respiración y a la acción de caminar tratando de contar lo mejor que puedas..

Conducir

Conducir conscientemente requiere absoluta atención a la carretera. Así que lo primero es eliminar todo tipo de distracciones: apaga la radio, no bebas ni fumes y tira esa galleta a medio comer. Ahora concéntrate completamente en la acción de conducir. Ten en cuenta lo siguiente:

A qué distancia está el coche que tienes delante.
La velocidad en relación con los otros coches y con el límite.
La posición de los coches de al lado y de los que vienen en dirección contraria.
El estado de la carretera.
El tiempo y otras condiciones de conducción.

Ahora viene la parte difícil: mantener los sentidos, la mente y los músculos en armonía. Cuando tengas algún pensamiento que no esté relacionado con la conducción, déjalo pasar y vuelve con tranquilidad a centrarte en la carretera. Seguro que muchos pensamientos tratarán de importunarte, pero apártalos cada vez. Prueba esta meditación durante tres minutos, y después nota si te sientes un poco más relajado para conducir.

Lavar los platos

La clave de lavar los platos conscientemente es prestar una atención absoluta a esta acción. Intenta concentrarte en lo siguiente:

La temperatura del agua.
La sensación de humedad de las manos.
La superficie dura y resbaladiza de los platos.
La presión y el esfuerzo de restregar para que se disuelvan los restos de comida.

La suavidad del detergente y de la espuma.

La acción de enjuagar hasta quitar completamente el jabón.

Trata de que tu mente no se aleje de este momento, de esta experiencia. Aparta durante tres minutos todos los pensamientos intrusos, mantén las manos, los ojos y la mente en los platos.

Ser uno con la naturaleza

¿Por qué a la gente le relaja tanto la naturaleza? Quizá porque volver a la naturaleza sea regresar a las raíces de la humanidad, a nuestros primitivos antepasados, a una época en que estábamos siempre al aire libre, buscando comida, retozando, disfrutando de una existencia sencilla.

Quizá sea cierto que toda forma de vida en la tierra ayuda a configurar el organismo planetario que algunos visionarios llaman Gaia, y que, cuando uno se ve inmerso en un ambiente natural, entra a formar parte de esa identidad cósmica mayor.

O tal vez estar en la naturaleza nos recuerde nuestra infancia, cuando jugábamos con inocencia al aire libre sin ninguna preocupación adulta.

También es posible que la naturaleza, sencillamente, represente una pausa del mundo prosaico, el recuerdo de unas vacaciones en las que salimos de excursión o a nadar en lugar de tener que vestirnos e ir a trabajar.

Sea lo que sea, los sonidos y paisajes de la naturaleza son intrínsecamente relajantes. Por esa razón tantas cintas de relajación tienen como fondo el sonido de las olas, el viento y el canto de los pájaros.

Podemos aprovechar esta asociación automática para relajarnos rápida y profundamente. Imaginarse en un bello marco natural es casi tan relajante como ir allí en persona.

Puedes reunirte con la naturaleza en cualquier momento. No tienes que tomarte días libres en el trabajo ni faltar a clase para hacer unas vacaciones mentales.

Dondequiera que estés, interrumpe un momento lo que hagas y cierra los ojos. Vacía tu mente de pensamientos y preocupaciones. Reemplaza todo eso por la imagen de un sendero de montaña. Inhala y exhala lentamente, imagínate que estás respirando el aire puro y fresco de la montaña. Huele el aroma de los pinos. Siente la agradable tibieza del sol del verano sobre los hombros y la espalda.

Trata de sentir cómo los músculos te hacen subir el sendero sin esfuerzo ni dolor. Nota la tierra debajo de los pies. Recuerda que eres un ser vivo y participas, porque es tu derecho inalienable, de la antigua historia natural de la tierra.

Imagina que llegas a la cumbre. Mira a tu alrededor y observa las cadenas montañosas que se pierden en el infinito. Estás literalmente en la cima del mundo. Túmbate de espaldas, tu columna vertebral se apoya sobre el eje de la tierra y se confunde con éste. Mira el cielo salpicado de nubes. Imagina que tu cuerpo se funde con la tierra y se vuelve «uno» con la naturaleza.

Dite a ti mismo: «Soy parte de la naturaleza. Vivo y respiro igual que vive y respira el mundo. En cualquier momento puedo volver a mis raíces naturales en busca de renovación».

Desprenderse de la ira

La ira añade más peso a la carga de estrés que ya sentimos en nuestra vida. Afecta al corazón y la digestión, y aumenta la tensión muscular general. Los estudios demuestran que la gente enfadada tiene una tasa de mortalidad más alta, prácticamente con respecto a cualquier causa.

La ira afecta nuestras relaciones personales porque los intercambios hostiles dejan cicatrices. Los seres queridos se vuelven desconfiados y más cerrados. Los compañeros de trabajo a menudo se retiran, cotillean y contraatacan.

Pero el precio más alto de la ira lo paga la propia espiritualidad. La ira nos despoja de la sensación de estar en contacto con el universo y pertenecer a él. En lugar de sentirnos unidos y ser comprensivos, nos aliena. En vez de sentir paz y fortaleza interior, nos deja amargados e indefensos.

El paso más importante para librarnos de la ira es enfrentarnos a los sentimientos de impotencia. La ira tiene que ver con tratar de cambiar a los demás, de intentar que se comporten de otra manera. Cuando la gente sigue haciendo lo que quiere, independientemente de nuestras necesidades o pareceres, nos sentimos profundamente impotentes. Cuanto más tratamos de cambiar a los demás, tanto más se resisten y tanto más inútiles nos sentimos. De esta forma, entramos en una espiral que nos arrastra a niveles cada vez más profundos de alienación.

Puedes cambiar esta impotencia en que se asienta la ira con dos sencillos mantras. Cada mañana y en cada situación conflictiva, dite a ti mismo lo siguiente:

No puedo controlar a otros. Los demás hacen lo que quieren.
Soy responsable de mi propio sufrimiento. Si lo que hago no da resultado, debo probar otra cosa.

Estos mantras te ayudarán a abandonar la esperanza de poder controlar a los demás. Aceptarlos te permitirá centrarte en la única persona que puedes controlar y cambiar: tú mismo.

Cuando uses los mantras durante un momento de ira, haz también otra cosa importante: un plan para cambiar. Piensa en una manera específica de que —sin la ayuda ni el apoyo de nadie— puedas ocuparte de ti en esa situación.

Tratar con la ira

Cuando hayamos empezado a tomar medidas y nos sintamos menos impotentes ante situaciones que nos resulten frustrantes, las relaciones con los demás estarán menos marcadas por el enfado, pero la ira no desaparecerá. Seguirá habiendo momentos de alteración en que hagan falta herramientas clave para evitar que la ira se dispare.

Si relajamos el cuerpo en cuanto vemos los primeros síntomas de enfado y utilizamos pensamientos tranquilizadores para que éste no aumente, es posible superar la ira.

En cuanto surja la ira, concéntrate en la respiración. Respira lenta y profundamente. Cada vez que inspires, di: «inhala», y cada vez que exhales: «relájate». Si aparece algún factor de distracción, vuelve a repetir: «inhala… relájate… inhala… relájate…». Siente cómo con cada inhalación entra paz y calma, y con cada exhalación eliminas preocupación y enfado. Nota todas las zonas tensas de tu cuerpo y relájalas conscientemente con cada respiración.

Ahora que empiezas a relajarte necesitas un método para seguir tranquilo. Lo mejor es darse instrucciones a uno mismo. Recuerda cuáles son tus objetivos básicos y estrategias para superar situaciones de enfado. Aquí tienes algunos ejemplos que han servido de ayuda a otras personas. Puedes probar algunos o utilizarlos como orientación para crear tus propias instrucciones.

Nadie tiene razón, nadie está equivocado. Sólo tenemos diferentes necesidades.

Independientemente de lo que se diga, sé que soy una buena persona.

Si mantengo la calma, no perderé el control.

Encaja el golpe. No te dejes vencer.

No juzgues ni culpes.

Di sólo palabras neutras.

No levantes la voz.

Nada de sarcasmos ni ataques.

Si pierdo los estribo conseguiré _____

(pon las consecuencias negativas que te producirá la ira).

Si pierdo la calma, me daré con la cabeza en la pared, así que es mejor que me relaje.

Enfadarse no ayuda.

No vale la pena enfadarse tanto.

Estoy molesto, pero puedo no alterarme.

Seré razonable. El enfado no resuelve nada.

La ira es una señal de lo que tengo que hacer. Es hora de abordarlo.

No pierdas los estribos, tranquilízate.

Con enfadarme no gano nada.

Tranquilo, acuérdate de no perder el sentido del humor.

Si estoy en apuros, más adelante pensaré cómo resolverlo.

Empatía

Un sabio proverbio dice que es imposible comprender a nadie sin ponerse en su lugar. Pero no es fácil dejar a un lado los propios miedos, creencias y necesidades, por no mencionar ver el mundo a través de la experiencia de otra persona.

Poder hacerlo es una forma de rendición, de desprenderse del propio yo, y, al mismo tiempo, un gesto de lo más valioso; sin esta capacidad, las familias, las tribus y las naciones se volverían las unas contra las otras. Hablamos de la llamada empatía.

La empatía nos protege de los efectos corrosivos de la crítica y el desprecio. Es el antídoto de la ira, la fuerza vinculante de las amistades y los matrimonios. Con unos pocos minutos diarios de meditación, la capacidad de empatía se puede fortalecer dentro de uno mismo.

Siéntate con los brazos y las piernas apoyados cómodamente. Cierra los ojos y respira hondo varias veces. Piensa en la palabra «paz» mientras inhalas, y en «relajación» mientras exhalas. Examina tu cuerpo en busca de tensiones y relaja todos los músculos agarrotados que tengas. Deja que la respiración se haga más lenta mientras te relajas cada vez más profundamente.

Ahora imagina una silla delante de ti. Tienes sentimientos negativos hacia la persona que está sentada en ella: estás enfadado, la censuras, te sientes lastimado.

Visualiza la cara y la expresión de quien tienes delante; nota el tamaño de la persona, la ropa que lleva, los colores, la postura.

Ahora toma la decisión consciente de interrumpir toda crítica y todo sentimiento negativo. Respira hondo otra vez y deja a un lado las críticas; abandónalas durante un momento. Mira a la persona que tienes delante. Es un ser humano como tú que trata de sobrevivir y tener una vida feliz. Medita brevemente sobre alguna de estas preguntas:

¿Qué necesidades podrían estar influyendo en su comportamiento?

¿Qué miedos podrían estar afectando a esta persona?

¿Qué creencias o valores influyen sobre ella?

¿Qué conocimientos o talentos le faltan para que se comporte así?

¿Qué situaciones límite, problemas o conflictos podrían estar afectando su comportamiento?

Y lo más importante: ¿Cómo hace la persona que tienes delante para comportarse lo mejor que puede? ¿Cómo ha hecho para elegir lo mejor que ha podido, a pesar de sus necesidades, miedos, creencias y capacidad?

Piensa de verdad en estas preguntas. Mírala como una persona que se esfuerza a pesar de sus miedos y deseos, de sus limitaciones, a pesar de los conflictos y problemas. Trata de ver el mundo a través de sus ojos.

Practica esta meditación una vez por día, quizás a última hora, cuando todo se haya tranquilizado. Cada vez que lo hagas, trata de prolongar el ejercicio hasta que

sientas que alguna de tus críticas desaparece. Cuando la ira y las críticas se desvanecen, hay más espacio en el corazón para la empatía e incluso para la compasión. Nota
la diferencia en cómo te sientes con respecto a esa otra persona y… respecto a ti
mismo.

Cuarta parte

Aliviarse de las preocupaciones

Todos somos adivinos que tratamos de interpretar señales del presente que nos pronostiquen el futuro. Siempre intentamos adivinar si el techo aguantará otro invierno, si esa cara del jefe augura problemas o si esas travesuras del niño no desembocarán en algo peor.

En cierto sentido, la mente está preparada para las preocupaciones, es algo que nos ayuda a sobrevivir. Pero la preocupación también tiene un precio: el estrés físico, la enfermedad y el descontento. Necesitamos encontrar una forma de desconectarnos, de tomarnos unas vacaciones de nuestra bola de cristal y disfrutar el aquí y el ahora.

Dejar que se vayan

Hay buenas razones para que las preocupaciones y los pensamientos perturbadores tengan vida propia. A través de un proceso llamado «encadenamiento», un pensamiento de estrés tiende a asociarse a otro, y otro, y otro… todos ligados por un sentimiento en común. Cuando abrimos un cajón mental llamado «preocupación», «pérdida», «vergüenza», aparecen montones de recuerdos e imágenes. A menos que rompamos la cadena de pensamientos, podemos pasarlo muy mal.

Es importante recordar que los pensamientos crean sentimientos. Las ideas perturbadoras hacen que nos sintamos más ansiosos, o avergonzados, lo que a su vez dispara más pensamientos perturbadores, más sensaciones de estrés y así sucesivamente. Debemos librarnos de esta espiral negativa rompiendo la cadena.

Podemos desprendernos de las preocupaciones y alteraciones con una meditación sencilla y tranquila. Cuando disminuyen las preocupaciones, también disminuyen las tensiones y la ansiedad. Al cabo de tres minutos, a medida que los pensamientos perturbadores se alejan como hojas secas por el río, empezamos a sentirnos más serenos.

Siéntate cómodamente con la espalda recta, de modo que el peso de la cabeza se apoye directamente sobre la columna vertebral. Inspira profundamente y deja que el aire baje, expanda el diafragma y relaje toda la tensión abdominal.

Ahora imagina un arroyo que gorgotea sobre las rocas. Es otoño y los árboles están dorados, anaranjados y amarillos. La orilla opuesta se eleva en una pendiente empinada, detrás de la cual, a lo lejos, se alzan las montañas. El arroyo fluye hacia la izquierda y se pierde de vista tras un recodo.

Los árboles aún están cubiertos por un tenue rocío matinal. El verdor de los pinos se eleva por encima de los llameantes colores otoñales. Hueles la humedad de la tierra de la orilla; oyes el burbujeo del agua sobre las rocas. Ahora tu cuerpo entero se relaja mientras respiras una vez más.

Éste es el lugar para desprenderte de todas tus preocupaciones, para dejar que se pierdan de vista. Cada vez que un pensamiento perturbador entre en tu cabeza, imagínate que es una hoja de otoño que se ha caído al arroyo. Mira como desaparece rápidamente con la corriente por el recodo y se pierde de vista. Vuelve a inhalar profundamente con el abdomen y siente que todo tu cuerpo se relaja y afloja. Di: «Estoy relajado, estoy en paz».

Sigue mirando el arroyo que fluye delante de ti y los árboles otoñales de la orilla de enfrente. Siente la tibieza del aire… oye el burbujeo del agua… huele la humedad de la tierra. Ahora, cada vez que una preocupación pase por tu mente, conviértela en una hoja que se va con la corriente. Respira a medida que desaparezca cada hoja y recuerda que estás en paz, estás relajado.

Control del pánico

¿Has estado alguna vez tan asustado o aterrorizado que sentías que no podías respirar? ¿Tienes momentos de ansiedad en los que el corazón te martillea como una maza, te pones rojo y después tiemblas o te sientes débil? ¿Te preocupa ponerte tan nervioso que crees que te mareas o te vas a caer redondo ahí mismo?

Si has respondido que sí a alguna de estas preguntas, entonces el ejercicio de control de respiración está hecho para ti.

Como en todas las situaciones de ansiedad, la tensión se concentra en los intestinos y hace que el diafragma también se contraiga. Por eso cuesta respirar. Uno lo compensa llenando los pulmones de aire y acaba respirando entrecortadamente con la parte alta de éstos porque el diafragma está demasiado tenso para terminar de exhalar. El resto de los pulmones continúa lleno de aire viciado que no acaba de salir.

El resultado de esta desesperación por respirar es el pánico; el cuerpo entra automáticamente en un modo de «pelea o huye». El corazón se acelera, empezamos a sudar y los vasos capilares se cierran, por lo que uno se siente débil o mareado; la sangre fluye a las piernas (para ayudar a escapar) y enseguida éstas empiezan a temblar.

Todo esto es normal, pero horrible. La solución es detener de inmediato la hiperventilación y reemplazarla por una respiración relajada y controlada, que, al cabo de dos o tres minutos, nos hará sentir mucho más tranquilos. Pruébala ahora mismo, así la próxima vez que sientas ansiedad sabrás exactamente qué tienes que hacer.

El primer paso del ejercicio de control de respiración es exhalar para detener la hiperventilación y el pánico. Vacía los pulmones de inmediato y completamente. Saca todo el aire viciado.

Ahora cierra la boca. Es casi imposible hiperventilarse cuando se respira sólo por la nariz. Por otro lado, cuando se respira por la boca se tiende a hacerlo demasiado rápido, lo que contribuye a la hiperventilación.

Pon una mano sobre el abdomen, encima del ombligo. Inahala por la nariz, y cuenta despacio: «Uno… dos… tres». Intenta que el aire te levante la mano. Para un segundo, y empieza a exhalar contando: «Uno… dos… tres… cuatro». Nota que la exhalación es un poco más prolongada porque debes vaciar cada vez los pulmones completamente. Esto te protegerá de los jadeos de pánico, altos y entrecortados.

Cuando empieces a sentirte más tranquilo, trata de que tu respiración sea aun más lenta. Inhala mientras cuentas: «Uno… dos… tres… cuatro». Para un segundo y exhala: «Uno… dos… tres… cuatro… cinco». Sigue practicando esta respiración lenta y profunda durante al menos tres minutos.

Monólogo de afirmación

Este monólogo consiste en una serie de afirmaciones positivas que sirven para prepararnos cuando tenemos una entrevista, un examen, una cita o cualquier situación causante de estrés.

Aunque parezca extraño, en realidad elegimos y agravamos las reacciones emocionales a cualquier acontecimiento mediante predicciones, interpretaciones y autoevaluaciones. Si nos decimos: «Voy a fracasar» (predicción); «Sé que quiere librarse de mí» (interpretación); «Soy demasiado nervioso y desorganizado para este tipo de trabajo» (autoevaluación), entonces la reacción física podrían ser sudores, temblores y un nudo en el estómago.

Al notar estas reacciones, pensamos: «Estoy aterrorizado. No puedo hacerlo. Me voy a casa». Estas afirmaciones aumentan los síntomas físicos y la tendencia a tomar decisiones inapropiadas. Se establece una respuesta negativa y uno cae en una espiral de estrés crónico.

Los pensamientos no tienen que intensificar el miedo. Podemos preparar un monólogo de afirmación que ejerza de calmante que elimine la tensión en el estómago, nos tranquilice y aleje el pánico. La espiral de reacción puede ser positiva y ayudarnos, en lugar de funcionar contra nosotros.

Si se avecina una cita que genera estrés, escribe autoafirmaciones positivas que te ayuden a prepararte para la situación, enfrentarte a ella, abordar tu miedo y reforzarte. Aquí tienes algunos ejemplos:

Preparación:

No tengo que preocuparme.
Todo saldrá bien.
Ya he pasado por esto.

Afrontamiento:

Ve paso a paso.
Equivocarse no tiene nada de malo.
Puedo hacerlo, lo estoy haciendo.

Abordar el miedo:

Sigue respirando profundamente.
Pronto acabará.
Ya he sobrevivido a situaciones peores.

Refuerzo:

¡Lo he conseguido!
He superado el miedo.
Tengo que contárselo a alguien.

Puedes usar estos ejemplos para inspirarte. El mejor monólogo será el que te inventes con tus propias palabras. Es útil escribir los favoritos en unas fichas y llevarlas contigo a la audición, el examen, la entrevista o cualquier situación que te ponga nervioso.

Cambiar de canal

A veces la mente se queda empantanada y no puede parar de pensar en algún problema pasado, el saldo del banco o un fracaso amoroso. En esos casos, el cuerpo se pone tenso, lo que contribuye a empeorar el estado mental, lo que a su vez provoca más tensión y así sucesivamente hasta crear un círculo vicioso.

Cuando la mente se atasca, no basta con relajar el cuerpo, también hay que cambiar el canal mental.

Pero no es tan fácil. ¿Te han dicho alguna vez: «No pienses más en ello»? Si es así, sabrás lo difícil que es no pensar en algo que te perturba. No sólo hay que dejar de pensar en las preocupaciones, sino que también hay que encontrar algo que las reemplace y ocupe la mente.

El siguiente ejercicio propone tres maneras diferentes de cambiar de canal. Se pueden cambiar los pensamientos negativos por imágenes, acciones y afirmaciones positivas.

Cuando notes que las preocupaciones de siempre te dan vueltas por la cabeza, grítate mentalmente: «¡Basta!». Imagina que oyes la palabra y te sobresaltas hasta el punto de cortar la cadena de monótonas cavilaciones que te causan estrés.

En cuanto interrumpas un pensamiento que provoca tensión, reemplázalo por un ensueño agradable. Escoge algo con lo que normalmente sueñas o fantaseas: sexo, vacaciones, pasatiempos, sucesos o placeres pasados. Elige algo que puedas verte haciendo y que sea a la vez fácil de imaginar y placentero.

Si la visualización de una fantasía placentera no funciona o se «gasta» al cabo de un rato, trata de pasar a la acción. Enciende la radio, pon tu disco favorito, ve a dar un paseo, hojea el álbum de fotos, toca algún instrumento. Trata de buscar una actividad que te resulte interesante y te distraiga.

El tercer método es cambiar de canal reemplazando las preocupaciones por afirmaciones. Se trata de declaraciones breves y positivas que se preparan de antemano. Puedes refugiarte en ellas, y al mismo tiempo te alejan de los pensamientos negativos.

Las afirmaciones te dicen que estás a salvo y bien así como estás, que puedes superar cualquier situación de estrés que se presente. Aquí tienes algunos ejemplos.

Estoy bien.
Estoy a salvo y tranquilo.
Confío en mi capacidad para superarlo.
Estoy rodeado de apoyo y amor.
Puedo relajar la mente y el cuerpo.
Puedo relajarme ahora y dejar los planes para más tarde.
Es sólo un nudo en el estómago.
Sé que mi corazón está fuerte y sano.
Puedo pedir ayuda.
Está bien decir que no.
Es normal que las parejas discutan.
Es el mismo dolor de cuello de siempre, después pasa.

Cerrar la puerta

Los científicos han descubierto una zona específica del cerebro que permite fijar la atención. Funciona como una puerta que se cierra y deja fuera todos los pensamientos y sensaciones que compiten mientras uno se concentra en determinado pensamiento o experiencia. La puerta ayuda a prestar atención a una tarea y centrarse en resolver problemas. Pero a alguna gente, especialmente a la que tiene tendencia a preocuparse, esa puerta se le atasca.

Cuando la atención se inmoviliza en algo especialmente perturbador, significa que la puerta no puede cerrarse para dejar eso fuera y pensar en otra cosa. Los pensamientos que disparan la ansiedad y hacen liberar adrenalina son los más difíciles de parar. A veces, por mucho que se intente cerrar la puerta, ésta no se mueve y los pensamientos catastróficos invaden la mente.

El ejercicio de «parar y respirar» es como darle una patada rápida para que al fin se cierre y deje la ansiedad fuera. Pero detener la preocupación es sólo la mitad de la batalla. Podemos aprender a darle a la mente un punto de atención alternativo y convincente: la propia respiración.

Cada vez que tengas que dejar de pensar en algo que te preocupa o altera, imagina que oyes una voz que grita «¡basta!» en tono brusco y autoritario, como un sargento de instrucción o un predicador imponente. Hazla sonar tan alta y imperativa que resulte imposible ignorarla. Si el grito de «¡basta!» no es suficiente para interrumpir tus pensamientos, ponte una banda elástica en la muñeca y tira de ella mientras gritas.

En cuanto se rompa la cadena de pensamientos, centra la atención en la respiración. Inhala lenta y profundamente de modo que se expanda el abdomen. Coloca la mano sobre el ombligo y comprueba que se levanta cada vez que inspiras. Nota el paso del aire por la garganta y los bronquios. Nota cómo se expande el pecho y empuja el aire hacia el abdomen.

A medida que tomas conciencia de la respiración, empieza a contar. Di «uno» mientras exhalas y luego inhala. Cuando vuelvas a exhalar, cuenta «dos». Cuenta cada exhalación hasta llegar a cuatro, y empieza otra vez. Sigue contando hasta cuatro hasta que te sientas relajado.

Al final de la respiración usa afirmaciones clave como:

Soy fuerte y tengo recursos.
Estoy en contacto con mi centro de serenidad.
Mi mente está relajada.
Puedo superar cualquier cosa que se presente.
Abandono toda preocupación.
Me centro en las cosas que me gustan.
Me siento relajado y sereno.

Si usas el método «para y respira» cada vez que tienes un pensamiento perturbador, y lo utilizas enseguida, antes de que un pensamiento dispare otros muchos, verás que disminuye la frecuencia de los pensamientos ansiosos.

Fijarse objetivos

Preocuparse por no pasar un examen o perder el trabajo puede producir tanto estrés como la experiencia misma. Esto se debe a que la reacción primitiva del sistema «pelea o huye» no distingue entre una experiencia imaginaria y una real. Cavilar sobre el peligro o una pérdida hace que los músculos y el estómago se contraigan igual que ante un peligro o una pérdida real.

Puesto que una buena parte del estrés proviene de la costumbre de preocuparse por el futuro, un método de reducción de estrés consiste en fijarse objetivos y planificar.

Pensemos en lo que nos preocupa. Miremos el futuro y hagamos una lista mental de lo que más nos inquieta. ¿El dinero? ¿Las relaciones emocionales? ¿Los hijos? ¿El trabajo?

Tomemos algo que nos preocupa mucho, tanto de un área muy perturbadora de nuestra vida como de una que no lo es tanto, y usemos ese ejemplo de preocupación por el futuro como precedente para fijar objetivos y planificar.

Se trata de un sencillo proceso que se desarrolla en dos etapas: fijarse un objetivo a largo plazo y después planificar los pasos que hace falta dar a corto plazo para lograrlo.

Cierra los ojos e imagínate dentro de cinco años. Piensa que el problema que te preocupaba se ha resuelto satisfactoriamente: tienes el trabajo, la relación, el dinero, o lo que sea, que deseas.

¿Cómo es ese futuro positivo? ¿Dónde y con quién estás viviendo? ¿Cómo pasas el tiempo? ¿Adónde vas y qué haces? ¿Cuánto dinero tienes?

Cuando veas con claridad esta escena en tu mente, imagínate dentro de un año. Tu problema no está completamente resuelto, pero está en vías de solución. ¿Qué tiene que suceder durante el próximo año para que llegues a ese punto? ¿Tienes que apuntarte a algún curso, cambiar de trabajo, pedir un aumento o modificar la forma en que te relacionas con alguien? ¿Cómo es tu vida en ese punto intermedio?

Aquí empieza la etapa de planificación; es sólo una ampliación del proceso de visualización. Imagina lo que tienes que hacer dentro de seis meses. Haz una lista de las solicitudes que debes enviar por correo, la información que tienes que buscar, la formación que necesitas y ese tipo de cosas.

Regresa entonces al mes que viene y haz una lista de lo que tienes que hacer durante los próximos treinta días.

Después haz una lista de la semana próxima.

Al final, haz una lista breve y sencilla de lo que tienes que hacer mañana y decídete a hacerlo. Asegúrate de que sean pequeñas cosas que puedas llevar a cabo.

Mañana, cuando te despiertes, no empieces a preocuparte como siempre por las cosas terribles que puedan o no suceder dentro de cinco años. Concéntrate, en cambio, en la pequeña lista de cosas factibles para el día.

Imposible perder

¿Te preocupa el futuro? ¿Te inquietan los conflictos que ves en el horizonte? ¿Te provoca estrés el sinfín de pequeñas cosas cotidianas que sale mal?

Si escuchas las noticias o a los políticos, si lees libros para tener éxito en los negocios, entonces sabrás que se pueden solucionar algunos problemas sin que nadie pierda. Seguro que habrás visto acuerdos en los que las dos partes salen ganando sin que nadie pierda.

Los trabajadores consiguen un seguro de salud y la patronal mejora la productividad. Los inquilinos consiguen una renta limitada y los propietarios descuento de impuestos. Los adolescentes pueden jugar al baloncesto por la noche, y los vecinos tienen menos *graffitti*.

Pero a menudo, los acontecimientos que más estrés provocan no son susceptibles de un enfoque en el que nadie pierda. Muchas situaciones sencillamente dependen de la suerte. O llueve o no llueve el día de la boda de tu hija. Ganas o no ganas la lotería. Hay otras situaciones que no dependen de la suerte, pero uno tiene pocas posibilidades de influir en el resultado. Tu empresa cambia o no de ciudad. Tu hijo ingresará o no en tal universidad.

Cuando nos preocupamos por este tipo de situaciones, o tenemos las esperanzas puestas en ellas, no podemos abordarlas como para salir ganando siempre, pero podemos reducir el estrés si adoptamos una actitud de «imposible perder» con respecto a los posible resultados.

Este ejercicio funciona de la siguiente manera: te dices, «no puedo perder porque...», y buscas la parte positiva de todos los resultados posibles.

Por ejemplo: no puedes perder porque si no llueve, tu hija tendrá una boda espléndida al aire libre; y si llueve, será una celebración más íntima y acogedora, como la tuya.

No puedes perder porque si ganas la lotería serás rico; pero si no ganas la lotería te ahorrarás la envidia de los amigos y la atención interesada de los desconocidos.

No puedes perder porque, si tu empresa se traslada a Chicago, tú también puedes mudarte y disfrutar de la novedad de vivir en otra ciudad (o despedirte y tener la seguridad de quedarte en un sitio conocido), y, si tu empresa no se traslada, tu vida no sufrirá ningún trastorno.

Si tu hijo ingresa en una universidad importante de otra región, estarás orgulloso de verlo abandonar el nido y salir al mundo; pero si no lo consigue y tiene que ir a la universidad local, podrás gozar teniéndolo cerca de ti durante un poco más de tiempo.

¿Significa que uno tiene que pensar positivamente de antemano? Sí. ¿Es imposible dejar de desear un resultado favorito? Sí, no se puede dejar de desear lo que uno quiere. Uno siempre preferirá ganar a perder, el sol a la lluvia, la seguridad al riesgo. Pero si practicas este ejercicio aunque sea a medias, sacarás dos grandes provechos: primero, reducirás la ansiedad actual ligada al deseo, la esperanza y la preocupación; segundo, no será tan grande el desengaño si las cosas no salen como quieres.

Claves para pensar saludablemente

Somos lo que pensamos. La mayor parte del dolor y del placer proviene de cómo interpretamos lo que sucede en nuestra vida. El mismo ascenso, para un empleado puede significar un voto de confianza y para otro un aumento innecesario del estrés. Una persona, ante un diagnóstico de hipertensión, puede sentirse triste y grave; otra, ansiosa; mientras que una tercera quizá se llene de optimismo pensando que es una señal para cambiar de dieta y hacer más ejercicio.

Epicteto, un filósofo griego, lo expresó mejor: «No son los acontecimientos los que alteran al hombre, sino su forma de verlos». Los pensamientos crean literalmente los sentimientos. Si nos centramos en el peligro, nos ponemos ansiosos. No es el ascenso lo que nos hace felices o nos provoca estrés; no es la noticia de la alta tensión lo que nos pone tristes, nos asusta o nos hace tomar una decisión. Los sentimientos sobre acontecimientos importantes están determinados por los pensamientos, las creencias y las suposiciones.

Puesto que los pensamientos son la matriz del sentimiento, pensar positivamente es un requisito para una vida emocional saludable. He aquí cinco claves para desarrollar una forma positiva de pensar en la vida diaria.[1]

1. *No me afecta.* La situación no me da miedo ni me pone triste. Es lo que me digo a mí mismo lo que me deprime o me pone ansioso. Si cambio como veo la cosas, cambiaré lo que siento.

2. *Todo es exactamente como debe ser.* Las condiciones para que la gente o las situaciones sean de otra manera no existen. Son como son por una larga serie de acontecimientos causantes y condiciones previas, incluyendo necesidades, miedos, condicionamientos, suposiciones, limitaciones, sufrimientos pasados, etcétera. Decir que las cosas deberían ser de otra manera es olvidar la causalidad.

3. *Todos los seres humanos son falibles.* Los errores son inevitables. Es fundamental establecer márgenes razonables de error para uno mismo y los demás. Cuando uno no puede aceptar los fallos, se convierte en alguien crónicamente enfadado o deprimido —depende de quién sea el culpable del error— y el dedo acusador siempre señala a alguna parte.

4. *Las probabilidades de una catástrofe siempre son bajas.* La ansiedad siempre se alimenta de pronósticos poco realistas. ¿Cuáles son las probabilidades reales de que tu avión se estrelle, el jefe te despida la semana próxima o ese dolor en el dedo del pie sea cáncer? Cada vez que tengas miedo, trata de hacer una predicción verosímil de las probabilidades de una catástrofe.

5. *Con el tiempo se olvida la causa.* Es una pérdida de tiempo y energía tratar de averiguar quién hizo primero qué, dónde empezó todo el problema. Es mejor volver a centrar la atención en las estrategias para cambiar la situación, y especialmente en la propia conducta.

1. Parcialmente adaptado de *Emotional Well-Being Through Rational Behavior Training,* de David Goodman.

Cambiar los malos sentimientos

Los malos sentimientos son como los matones: cuanto más grandes, más daño hacen y más dura el dolor. Pero tenemos la capacidad de reducirlos hasta que tengan un tamaño que nos permita vencerlos.

Éste es un ejercicio de cinco pasos que te ayudará a disminuir los malos sentimientos en situaciones de estrés:

1. Imagina un acontecimiento o situación frecuente que desencadena sentimientos desagradables. Ahora visualiza la escena y nota los sonidos, los olores y las sensaciones ligadas a esa imagen. Si hay otra gente, escucha lo que dice y nota el tono de voz.

2. Mientras imaginas la situación, observa tus reacciones. Permítete sentir lo que sea: ira, depresión, impotencia, ansiedad o vergüenza. No evites el sentimiento. Déjalo que aparezca. Mientras lo sientes, trata de ponerle un nombre.

3. Mientras imaginas la escena desagradable y experimentas el sentimiento que la acompaña, oblígate a cambiarlo. Trata de que disminuya el dolor. Si estás ansioso, trata de transformar la ansiedad en preocupación; si estás furioso, trata de convertir la rabia en fastidio; si estás deprimido, trata de sentir desilusión o arrepentimiento. Quizá tardes un poco, pero puedes hacerlo. (Una ayuda: si te cuesta, vuelve al capítulo anterior y re-

cuerda que cambiar lo que piensas puede cambiar lo que sientes.) Todo el mundo tiene esta capacidad. Acuérdate de que esta emoción nueva y menos dolorosa quizá no dure mucho, y vuelvas a estar ansioso, deprimido o furioso otra vez. No es grave. Lo importante es que lo has hecho, por muy poco que haya durado.

4. Ahora borra esa imagen. Ha llegado la hora de reflexionar. ¿Cómo has hecho para disminuir la intensidad de tu emoción? ¿Como has hecho para ir de la rabia al fastidio, de la impotencia a una especie de insatisfacción contigo mismo? Trata de recordar lo que te decías mientras disminuía la intensidad de lo que sentías. ¿Qué fue lo que te ha hecho interpretar de una manera un poco diferente tu comportamiento o el de los demás?

5. Cuando cambiaste las interpretaciones, suposiciones o el enfoque de la situación imaginaria, por muy poco que durase, también modificaste la intensidad de lo que sentías. Puedes cambiar una sensación de estrés cada vez que quieras reemplazándola por tus nuevas formas de pensar. Practícalo ahora mismo volviendo a la imagen original que te producía estrés. Esta vez, antes de alterarte, usa tus nuevos pensamientos e interpretaciones. ¿Cómo te sientes?

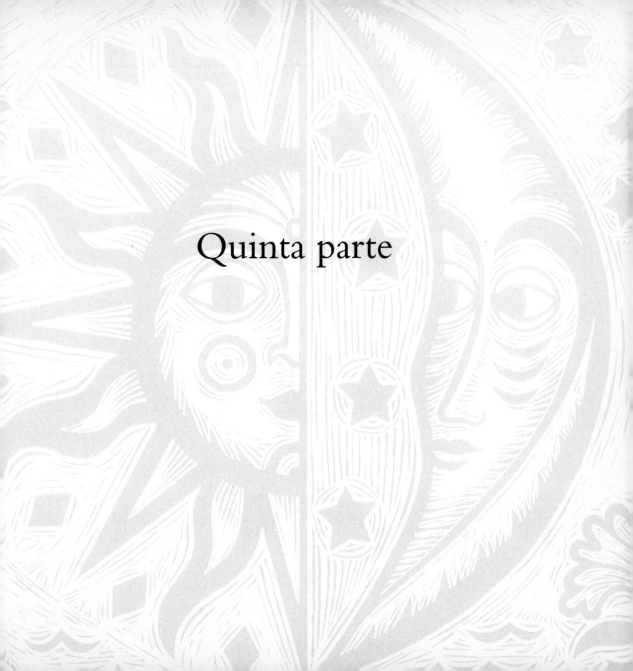

Quinta parte

Mejorar el estado de ánimo

La tristeza es una luz que se ha apagado tras un día demasiado largo. Es el bien que ya no se ve, un sueño en el que ya no se cree. Pero la tristeza también tiene arreglo. Se transforma cuando recordamos nuestro auténtico valor, cuando volvemos a la fuente que nos alimenta y nos da placer. Y cambia, al fin, cuando aprendemos a proteger de lo que pensamos y hacemos al ser más vulnerable: uno mismo.

Nutrirse del pasado

A veces tenemos recuerdos dolorosos: amores perdidos, momentos de turbación o miedo, épocas de lucha. Pero el pasado también puede ser una fuente de fuerza y calma interior. Todo es cuestión de saber dónde buscar y de viajar un poco después sentados cómodamente en el sillón para volver a experimentar los momentos auténticamente edificantes.

El ejercicio de los cinco dedos fue creado por el doctor David Cheek para lograr serenidad y una profunda relajación, y afirmar al mismo tiempo nuestro valor humano. Se practica en menos de cinco minutos y lo único que hay que hacer es imaginar cuatro escenas del pasado, utilizando imágenes visuales, auditivas y tactiles. Es sencillo, agradable y útil.

Inspira profundamente, y, mientras exhalas, deja que todo tu cuerpo se relaje. Vuelve a inhalar y ahora, mientras exhalas, cierra los ojos y deja que tu cuerpo se relaje aún más.

Sigue respirando lenta y profundamente. Ahora, tócate el pulgar con el índice. Mientras los dedos se tocan, retrocede a un momento en el que tu cuerpo haya sentido una fatiga saludable, quizá después de algún deporte agotador, de trabajar en el jardín o de una excursión cuesta arriba. Siente lo pesados y relajados que están los músculos, el calor y el bienestar de todo el cuerpo. Demórate uno o dos minutos en la escena, disfruta de la sensación.

Ahora tócate el pulgar con el dedo corazón. Mientras los dedos se tocan, retrocede a alguna experiencia amorosa. Puede ser un cálido abrazo, una conversación íntima o un momento de profundo contacto sexual. Tómate tu tiempo para ver, oír y sentir la experiencia.

Tócate el pulgar con el anular. Mientras los dedos se tocan, recuerda alguno de los cumplidos más bonitos que te hayan hecho. Óyelo, escúchalo con atención. Trata realmente de dejarlo entrar. Aceptarlo es tu forma de demostrar agradecimiento a la persona que te lo hizo.

Tócate el pulgar con el meñique. Mientras los dedos se tocan, vuelve al lugar más bello en el que hayas estado. Mira los colores y la formas, el tipo de luz. Oye los sonidos de ese sitio: el susurro del viento entre los árboles, el ruido de las olas. Siente el lugar: la textura, el calor o el fresco. Quédate allí durante un rato.

111

La tabla de salvación

El sostén es una técnica hipnótica que nos ayuda a conectar con el pasado cuando nos sentimos realmente tranquilos y seguros. La podemos usar para que nos dé una sensación de fortaleza cuando pasamos por épocas tristes o retos difíciles.

Respira hondo lentamente con el abdomen. Deja que tus brazos se relajen y se pongan pesados. Imagínatelos como dos pesas de plomo y siente cómo la gravedad los empuja hacia abajo. Nota cómo se hunden en un sitio de descanso, pesados y relajados. Las piernas también empiezan a volverse pesadas. Siéntelas como dos pesas empujadas por la gravedad que se hunden en un sitio cómodo de descanso. Sigue imaginando que las piernas están cada vez más pesadas y relajadas.

Ahora imagina que la frente se relaja y se pone lisa. La frente y las mejillas están relajadas, sin ninguna tensión. La mandíbula se afloja y se relaja. Siente cómo desaparece la tensión mientras abres la boca ligeramente. Ahora afloja el cuello y los hombros. Siente cómo disminuye la tensión y desaparece. Todo está flojo y relajado.

Inhala lenta y profundamente, y, mientras exhalas, siente cómo la relajación se expande por el estómago, el pecho y la espalda. Siente cómo desaparece de todo tu cuerpo el último resto de tensión muscular y caes en un estado de profunda y completa relajación.

Deja que se apodere de ti una sensación de paz y calma. Siente que te envuelve como una manta tibia. Vuelve a inhalar despacio y profundamente, disfruta de la calma y tranquilidad de todo tu cuerpo. Todo está pesado, tibio y profundamente relajado. Con cada respiración aumenta la calma. Cuenta las respiraciones: «uno… dos.. tres… cuatro… cinco… seis… siete… ocho… nueve… diez…». Deja que la calma y la tibieza aumente con cada una de ellas.

Ha llegado la hora de imaginar un momento de tu vida en el que sintieras algo que realmente necesites sentir ahora. Quizás un momento de profunda seguridad, o de un gran éxito, o de paz y tranquilidad. O una situación en la que estuvieras lleno de esperanza y creyeras en la buena época que se avecinaba.

Vuelve ahora mismo a ese momento. Mírate allí. Observa la tranquilidad o la confianza que manifestaba tu cuerpo, la expresión de la cara, la postura o forma de caminar. Oye tu tono de voz. Nota cómo esa sensación quizá se reflejaba en la forma de comportarse de los demás hacia ti.

Busca dentro de tu cuerpo esa sensación de seguridad o calma. Trata de encontrar el sitio exacto en el que reside. Siéntela en los hombros flojos o en el pecho, en los bíceps o en las piernas. Percibe la confianza o la calma de ese momento dondequiera que se manifieste. Respira hondo y, por un momento, sumérgete en la sensación.

Mientras te miras, te oyes y te sientes en ese momento de seguridad o éxito, tranquilidad o esperanza, pasa poco a poco la mano derecha sobre la izquierda. Cógete la muñeca izquierda con suavidad y firmeza. Este gesto, la mano derecha sujetando la muñeca izquierda, será la tabla de salvación que te llevará cuando quieras a lo que sientes ahora. La calma o la seguridad estarán a tu alcance cada vez que te sostengas la muñeca izquierda con la mano derecha e inspires profundamente.

Practícalo tres o cuatro veces por día hasta que te salga enseguida y sin problemas. Es una fantástica herramienta para aliviar el estrés.

Gratitud

La clave para superar la depresión es reconocer de qué forma ésta crea un filtro mental que cambia la realidad. Es como llevar unas gafas oscuras psicológicas que dejan pasar sólo las cosas tristes y dolorosas de la vida y filtran las experiencias buenas y la gente que queremos; los momentos en los que nos sentimos relajados, satisfechos u orgullosos; los momentos en que nos reímos y aquellos en que sentimos que formamos parte del todo.

Quizás hayamos olvidado la expresión de alguna persona a la que ayudamos; la gratitud que sentimos cuando alguien nos ayudó; o el suspiro de alivio al final de un largo día, cuando al fin nos relajamos para leer o mirar la televisión. También es muy fácil olvidar los momentos en que nos alabaron, percibimos el aire fresco de la mañana o nos sentimos deliciosamente sensuales.

La vida, a pesar de todo lo que hiere o desilusiona, tiene muchas cosas que hacen sentir bien.

Si nos centramos activamente en la realidad equilibrada de la vida, podemos quitarnos el filtro mental de la depresión. Hace falta fijarse deliberadamente en todo el conjunto: tanto en los placeres inadvertidos y los motivos de satisfacción, como en los problemas. El ejercicio de gratitud, practicado al final de cada día, nos ayudará a reafirmar y recordar las cosas de la vida que realmente apreciamos y que nos dan placer.

Inhala lenta y profundamente. Mientras exhalas, siente cómo todo tu cuerpo empieza a relajarse. Nota los pulmones, siente cómo aflojan toda la tensión muscular. Di lo siguiente: «relájate y afloja», mientras eliminas toda la tensión de los pulmones.

Ahora repite la frase «relájate y afloja» mientras eliminas la tensión de los brazos y hombros. Siente cómo aumenta la relajación mientras vuelves a inhalar lentamente. Di: «relájate y afloja», mientras aflojas la tensión de la frente, las mejillas y la mandíbula. Deja que toda la cara se relaje. Repite la frase mientras aflojas toda la tensión del cuello. Di «relájate y afloja» por última vez mientras desaparece toda la tensión del pecho, del estómago y la espalda. Inspira profundamente y, mientras exhalas, siente cómo el pecho, el estómago y la espalda están completamente relajados.

Ahora ha llegado el momento de hacer un repaso al día. Céntrate en tres cosas por las que estés agradecido. Es muy probable que no sea nada importante: un saludo cariñoso de un amigo o un compañero de trabajo, una comida agradable, un momento bonito con tu hijo, el aire fresco de la noche mientras volvías a casa, la tranquilidad de estar metido en la cama. Es tu oportunidad de volver a vivir esos momentos y valorarlos, de tenerlos en cuenta, de impedir que se pierdan en la incesante corriente del tiempo que todo lo aleja.

Continúa pensando en el día. Esta vez recuerda tres cosas que hayas hecho por las que te sientas bien. Suelen ser bastante corrientes: una cosa que hayas terminado que haya salido bien, algo que hiciste para ayudar a otra persona, un pequeño problema que hayas resuelto... quizás algún gesto para ocuparte de tu salud o bienestar. Revive durante un instante esos acontecimientos positivos del día.

El placer del hoy

Tu tiempo es valioso, cada momento una joya en potencia que se puede atesorar, cada hora un sabor único que se puede paladear. Detengámonos todos los días para notar y disfrutar algunas sensaciones sencillas: la risa de un niño, el agua cuando tenemos sed y calor, el dibujo de las nubes, los colores del otoño. Siempre deberíamos tener tiempo para apreciar los dones de la vida.

Pero a veces es difícil parar a oler el perfume de la flores. ¡Especialmente cuando debemos quitar las malas hierbas, podar, poner fertilizante y regar las plantas! El tiempo pasa volando y faltan horas para hacer todo lo que hay pendiente.

Prometámonos ahora mismo tomarnos medio minuto por día para notar y disfrutar de algo sencillo de la vida cotidiana.

Tratemos de organizar el día de manera que no se nos escapen de las manos todos esos momentos.

La próxima vez que hagas una lista de lo que tienes que hacer durante el día, primero escribe estas palabras en el papel: «cajón de arriba, cajón del medio, cajón de debajo».

Imagina que tienes un escritorio con tres cajones. En el de arriba, limítate a poner las cosas que debes hacer hoy. En el del medio, pon cosas bastante importantes, pero no tan urgentes como en el de arriba. En el de debajo, pon todo lo que te gustaría hacer, pero que, si no haces, tampoco se acaba el mundo.

Cierra el cajón del medio y el de debajo, y no los abras hasta que hayas acabado de hacer las cosas del de arriba. ¡No hagas trampas! Después, haz TODO lo del cajón del medio antes de pasar al de debajo.

Hagas lo que hagas, puedes tener la certeza de que has cumplido con las cosas más importantes. Al final del día, felicítate y reorganiza los cajones para mañana.

Un pequeño consejo: no pasa nada si nunca llegas a las cosas que se encuentran en el cajón de abajo.

El tesoro del arcón

El estrés ¿no surge sobre todo de un problema que tratamos de resolver? ¿De un problema de salud crónico, dificultades económicas o decisiones importantes que tomar? A veces, la mejor forma de reducir el estrés es enfrentarnos al problema que nos lo causa.

No estaría mal contar con el consejo de una persona con mucha experiencia y que supiera más que nadie. ¿Pero de dónde la sacamos? Créase o no… ¡esa persona es uno mismo! Lo único que debemos hacer es pedírselo al inconsciente, porque recuerda todo lo que nos ha pasado, todo lo que nos resulta útil y lo que no, todos los pensamientos y sentimientos que hemos tenido, todas las personas que conocemos y situaciones que hemos vivido. No sólo aquello a lo que entonces prestamos atención pero que hemos olvidado ahora, sino también los colores, sonidos y sentimientos que casi no vimos en el pasado.

Esta profundidad de la información inconsciente es un rico tesoro almacenado de sabiduría de la vida que podemos emplear para resolver problemas. La dificultad es que por lo general el inconsciente no resulta accesible a la mente consciente.

Como no es accesible a la conciencia ordinaria, hay que conectarse con él en un estado de conciencia extraordinaria, o sea, de relajación profunda, trance hipnótico, o mediante una práctica de imaginación guiada, como en el siguiente ejercicio.

Para resolver un problema utilizando la propia sabiduría interior, sólo hay que cerrar los ojos cinco minutos, vaciar la mente de todo lo que no sea lo que nos preocupa, mientras se respira cada vez más despacio y aumenta poco a poco la relajación. Hay que contemplar el problema (la persona, lugar, cosa o situación que perturba), dejar que ocupe el centro del escenario mental, pero tratar de mantener al mismo tiempo cierto desapego. Si aparecen pensamientos tales como «es irremediable», los dejamos pasar y seguimos contemplando el problema con tranquilidad y desapego. No hay que intentar resolverlo, sólo estar a solas con él.

Cuando el problema está claro, imagina que caminas por una amplia playa tropical. Ves las olas azules que bañan las arenas blancas. Sientes la tibieza del sol y el olor del aire salado. Oyes el viento que agita las palmeras que bordean la playa.

Al cabo de un rato llegas a un sendero que lleva a la selva. Subes por una pendiente suave bajo los árboles. Está más fresco, hay más silencio y mayor oscuridad. Continúas subiendo por el sendero junto al curso de un arroyo.

Pronto llegarás a una cascada. Cruzas por detrás y entras en una cueva poco profunda. Al fondo encuentras el pequeño arcón que contiene la solución a tu problema. Recuerda el problema, déjalo entrar en un rincón de tu mente.

Arrodíllate y abre el arcón. Mira el tesoro que hay dentro. Puede contener una sola cosa o muchas. Quizá sean monedas, anillos, piedras preciosas, una foto, una nota o un pergamino. Algo que ya hayas visto o que sea completamente nuevo. Examina el tesoro y pregúntate de qué forma puede simbolizar la solución a tu problema.

Una mujer, que no sabía si dejar o no a su marido, encontró billetes de avión. Otra, con un problema de espalda, encontró una rosa que ella interpretó como «párate más a menudo a oler el perfume de las rosas».

Practica esta visualización todos los días durante una semana y deja que los objetos simbólicos puestos por tu sabiduría intuitiva te propongan una solución.

Guión de reafirmación

Tenemos una amiga casada con un fanático del esquí. Casi todos los fines de semana de invierno acampan en alguna desolada montaña nevada. Ella lee o practica esquí de fondo, mientras él escala para lanzarse a un descenso de vértigo. El marido sale haga el tiempo que haga. En el último viaje, ella tuvo su primera experiencia de congelación.

A ella le gusta la nieve, pero algunos fines de semana querría hacer otras cosas. Dice que ahora mismo no está en condiciones de enfrentarse a otra tormenta de nieve.

De vez en cuando, todos soportamos situaciones de estrés que podríamos evitar si dijéramos directamente lo que queremos. Accedemos a cosas que nos irritan, nos hacen daño o nos aburren. La respuesta es aprender y utilizar una técnica sencilla que nos permita hacer peticiones claras. Una demanda firme consta de tres partes:

Los hechos. Aquí comunicas simple y directamente los hechos de la situación. No hay crítica ni juicio de valor sobre la otra persona, ni calificación peyorativa del comportamiento que no te gusta. Por ejemplo: «Es la segunda vez esta semana que llegas tarde sin avisar». Advierte que te centras sencillamente en una descripción. No en críticas como: «Llegas tarde con demasiada frecuencia» o «Es de mala educación llegar tarde sin avisar». Las críticas hacen que la otra persona se ponga a la defensiva y deje de escuchar, por lo que no se resuelve el problema. Por otro lado, no hay mucho que discutir sobre los hechos llanos.

Lo que sientes. Aquí describes la reacción emocional que tengas a la situación por medio de declaraciones en primera persona. Se trata de un sencillo informe de lo que sientes. No culpas, atacas ni acusas a la otra persona. Por ejemplo: «Me siento herido», «Me siento solo», «Estoy asustado», «Estoy triste». Cuidado con los ataques disfrazados de declaraciones, como «Siento que no te ocupas de mí» o «Creo que pasas demasiado tiempo en el trabajo». En realidad, estas declaraciones son críticas solapadas porque se centran en las faltas de otra persona.

Lo que quieres. Aquí describes el cambio de comportamiento que te gustaría que hiciera la otra persona, exactamente lo que preferirías que haga de otra forma. «Si vas a llegar más de quince minutos tarde, me gustaría que me llamaras.» «Quisiera que miraras los deberes de matemáticas de Bill todas las noches.» «Me gustaría que si vamos a una fiesta y me quiero marchar, no me hagas esperar más de treinta minutos.» No le pidas a los demás que cambien de actitud, creencias o preferencias. No funciona y sólo genera resentimiento. Céntrate en «un único» cambio concreto de comportamiento.

Ha llegado el momento de trazar un plan. Piensa en las cosas que suele hacer la gente que aumentan tu estrés. Identifica la situación y la persona con la que estarías dispuesto a probar una demanda clara.

Por lo general, resulta útil elaborar un guión de reafirmación por adelantado.

Debe contener una frase que describa los hechos, otra que exprese tus sentimientos y una última en la que se pida un cambio de comportamiento. Por ejemplo: «Esta semana has llegado dos veces tarde a nuestra cita sin avisar. Me siento un poco ofendido y ansioso de que no lleguemos a terminar el trabajo. Si vas a llegar tarde, me gustaría que me avisaras antes».

Elabora una petición clara y firme utilizando el siguiente modelo:

Los hechos: _____

_____

Lo que siento: *Siento que* _____

_____

Lo que quiero: *Me gustaría que* _____

_____

Decir que no

El miedo a decir que no es un factor de estrés habitual. Los padres y los maestros nos enseñan de pequeños que nuestro derecho a la negativa no siempre está bien visto por los demás.

Cuando el «no» desaparece de nuestro vocabulario nos encontramos haciendo las tareas difíciles que nadie quiere; sentimos que jefes, amigos y familiares abusan de nosotros, e incluso que nos violentan con sus exigencias. Parece como si las necesidades de los demás siempre estuvieran antes. Incluso se puede llegar a un punto en que la mayoría de las relaciones nos resulten agotadoras y hasta sofocantes, porque damos mucho más de lo que recibimos.

Aprender a llevarse bien con el «no» nos puede permitir cambiar todo eso. El primer paso es revisar algunas de las concepciones tradicionales sobre cómo debe vivir la gente. La siguiente es una lista de valores y suposiciones que impiden fijar límites saludables. Frente a cada suposición errónea hay un derecho humano legítimo que habría que recordar mientras nos preparamos para decir «no».

Suposición tradicional errónea	**Derecho legítimo**
Si alguien te pide algo, es de buena educación acceder a hacerla.	Tienes derecho a tener en cuenta tus necesidades y nivel de estrés antes de tomar una decisión.

Decir que «no» a la gente significa
que uno no es generoso ni comprensivo.

Tu primera responsabilidad es ocuparte
de ti. Nadie conoce tan bien tus
necesidades y sentimientos. Decir que
«no» significa que te preocupas por ti.

Anteponer tus necesidades a las
de los demás es egoísta.

A veces, tienes derecho a ocuparte
primero de ti.

A la gente no le interesa saber si estás
mal.

Tienes derecho a sentir y expresar
tu dolor.

Tienes que hacer todo lo que tu jefe
te pida.

Sólo tú conoces tu plan de trabajo
y nivel de estrés. Tienes derecho a decir
«no» cuando te sientes sobrecargado
de trabajo y abrumado.

Hablar libremente significa que los demás
pueden decirte lo que quieran.

Tienes derecho a pedir que cesen
los comentarios agresivos, insultantes
o críticos.

Es de mala educación expresar
preferencias.

Tienes derecho a tus gustos
y preferencias y a decir que no te
gusta algo.

Tienes que ser flexible y adaptarte; los
demás tienen sus razones para actuar
como lo hacen y no es de buena
educación cuestionárselas.

Tienes derecho a quejarte de un trato
injusto o crítico.

Siempre tienes que complacer a los demás. Si no, no estarán a tu lado cuando los necesites.

Si el precio físico o emocional de complacer a alguien es muy alto, tienes derecho a decir que «no».

Siempre debes ayudar a alguien que está en apuros.

Tienes derecho a no asumir la responsabilidad de los problemas ajenos.

No seas antipático. Los demás van a pensar que no te caen bien si prefieres estar solo.

Tienes derecho a estar solo. Incluso si los demás quieren estar contigo o se sienten solos sin ti.

Ahora, examina las actividades fijadas para semana próxima. Presta especial atención a los favores que tienes que hacer y que preferirías pasar por alto, las actividades sociales que, más que un placer, te parezcan una obligación, y las tareas que consideres agotadoras e innecesarias. Además, ten presentes los próximos contactos con personas que suelen ser críticas o agresivas. Escribe sobre los favores, obligaciones, trabajos e interrelaciones en un diagrama como el de la página siguiente.

Ahora ha llegado el momento de hacer una evaluación arriesgada. Apunta en el diagrama las consecuencias negativas y positivas de decir que no en cada una de las situaciones. En otras palabras, trata de prever qué pasaría si intentaras ocuparte de ti diciendo que «no» o poniendo límites al comportamiento agresivo de alguien. De las situaciones en las que lo positivo supera lo negativo, elige una en la que establecerás límites las semana próxima.

La última columna del diagrama se refiere a tu plan. ¿Cómo harás exactamente para poner una excusa, expresar tus sentimientos de agobio o poner fin a los comentarios críticos? Prepara un guión para poner límites, así cuando llegue el momento tendrás una respuesta bien preparada.

Situación	Consecuencias negativas de decir «no»	Consecuencias positivas de decir «no»	Plan

Aceptarse a uno mismo

¿Con qué material tienes que funcionar en tu vida? ¿Cuáles son tus tendencias? ¿Cuáles son tus puntos fuertes? ¿Qué te interesa? Es terriblemente estresante y muy contraproducente ir contra los propios principios, tratar de ser una persona completamente diferente de la que somos.

Si eres tímido por naturaleza y tiendes a tener pocos amigos íntimos, sufrirás si intentas ser alguien gregario con montones de conocidos en todas partes. Si eres una persona práctica y trabajadora, probablemente nunca tendrás la capacidad del poeta que compone un soneto con sólo mirar una puesta de sol. Si tienes una tendencia genética a ser una persona sedentaria, pensativa y con unos kilos de más, sólo te fustigarás innecesariamente si quieres ser nervioso y activo como ese primo flaco como un palo que tienes.

Esto no quiere decir que no aspires a mejorar, sino que valores con sinceridad tu punto de partida y aceptes que el material inicial que tienes para funcionar es bueno.

Si tienes una enfermedad crónica, eres bajito o no ganas tanto como otra gente, no pasa nada. Ése es el material de partida con el que tienes que funcionar. La próxima vez que te menosprecies, acuérdate de hacer una pausa para mejorar un poco la autoaceptación.

El siguiente ejercicio es una herramienta poderosa para acallar la autocrítica interna, restablecer el contacto con tu cuerpo en el momento presente y aumentar la autoestima mediante la autoaceptación.

En un momento de tranquilidad, cierra los ojos y aleja de tu mente toda esa cháchara negativa y obsesiva que no cesa nunca. Quédate en silencio por dentro. Deja que se desvanezcan todos los ecos del monólogo habitual. Si aparece un pensamiento negativo, di: «Es sólo un pensamiento», y deja que se vaya.

Presta atención a la respiración y trata conscientemente de que se vuelva más lenta. Intenta sentir los latidos del corazón. Escucha todos los sonidos que te rodean. Percibe las sensaciones de cada una de las partes de tu cuerpo: brazos, piernas, corazón, torso.

Si sientes dolor, picazón o un cosquilleo, di: «Está bien. Esto es lo que siento ahora. Lo acepto».

A medida que te vayas relajando cada vez más, hazte algunas sugerencias positivas relacionadas con la autoaceptación:

Me acepto a mí mismo, tanto si pasan cosas buenas como malas.
Me desapego de los deberes, dudas y preocupaciones.
Sólo soy un ser humano y acepto mi naturaleza humana.
Respiro, siento, lo hago lo mejor que puedo.

Termina el ejercicio con la promesa de centrarte en tus características positivas y tus talentos.

Matthew McKay es director y fundador del Servicio de Psicología Haight Ashbury y codirector de la Sociedad de Terapias Breves de San Francisco. Es coautor de once libros, entre ellos *Self-Esteem, The Relaxation & Stress Reduction Workbook, When Anger Hurts* y *Couple Skills*. Está especializado en el tratamiento de la ansiedad y la depresión y forma parte del cuerpo docente del Instituto Wright de Berkeley.

Patrick Fanning es escritor y está especializado en salud mental. Es coautor de siete libros de autoayuda, entre los que destacan *Thoughts & Feelings, Messages: The Communication Skills Book, Self-Esteem, Being a Man, Prisoners of Belief* y *The Addiction Workbook,* y autor de *Visualization for Change* y *Lifetime Weight Control.*